EXPLORATION AND PRACTICE OF
SICHUAN YAKANG EXPRESSWAY
CONSTRUCTION MANAGEMENT

四川雅康高速公路
建设管理探索与实践

四川雅康高速公路有限责任公司　编著

人民交通出版社股份有限公司
北 京

内 容 提 要

本书以四川省雅安至康定高速公路建设为例，全面系统地阐述了高速公路建设管理成果和经验，内容包括项目建设前期、设计、质量、安全、科技创新以及环水保等全过程管理工作，并配有工程建设各阶段图片，为涉及藏族人民聚居地的高速公路建设管理工作提供了宝贵的管理经验。

本书可供高速公路建设、管理人员阅读参考。

图书在版编目（CIP）数据

四川雅康高速公路建设管理探索与实践 / 四川雅康高速公路有限责任公司编著 . — 北京：人民交通出版社股份有限公司 , 2023.6

ISBN 978-7-114-18647-9

Ⅰ. ①四… Ⅱ. ①四… Ⅲ. ①高速公路—道路建设—规范化—管理体系—研究—四川 Ⅳ. ① U415.12

中国国家版本馆 CIP 数据核字（2023）第 033314 号

Sichuan Ya-Kang Gaosu Gonglu Jianshe Guanli Tansuo yu Shijian

书 名：	四川雅康高速公路建设管理探索与实践
著 作 者：	四川雅康高速公路有限责任公司
责任编辑：	郭晓旭
责任校对：	孙国靖 卢 弦
责任印制：	刘高彤
出版发行：	人民交通出版社股份有限公司
地 址：	（100011）北京市朝阳区安定门外外馆斜街3号
网 址：	http://www.ccpcl.com.cn
销售电话：	（010）59757973
总 经 销：	人民交通出版社股份有限公司发行部
经 销：	各地新华书店
印 刷：	北京建宏印刷有限公司
开 本：	787×1092 1/16
印 张：	12.25
字 数：	219千
版 次：	2023年6月 第1版
印 次：	2024年1月 第2次印刷
书 号：	ISBN 978-7-114-18647-9
定 价：	68.00元

（有印刷、装订质量问题的图书，由本公司负责调换）

四川雅康高速公路
建设管理探索与实践
EXPLORATION AND PRACTICE OF
SICHUAN YAKANG EXPRESSWAY
CONSTRUCTION MANAGEMENT

审查委员会

主任委员：周　伟

副主任委员：李彦武　李永林　陈　渤　袁飞云

委　　员：赵之杰　郑　斌　牟　力　杰罗拉提　刘家民　王　莉
　　　　　杨晓敏　孙　欧　冯学刚　余宗琼　刘兆磊

编写委员会

主任委员：黄　兵

副主任委员：唐承平　郑　忠　周道良　肖　锋

参编单位：北京新桥技术发展有限公司

编写成员：李万军　代枪林　吴　斌　曾德力　雷开云　王世法
　　　　　程起光　纪亚英　刘　红　赵　江　张　嶷　闫红光
　　　　　李世佳　狄海波　陶　伟　余代岱　王　杰　何　雪
　　　　　李　爽　王　志　王学光　李　征

前言
PREFACE

　　交通是兴国之要、强国之基。党的二十大报告又一次明确了加快建设交通强国的要求，充分体现了交通运输事业在我国现代化建设中的战略地位。我们要站在战略和全局的高度认识加快建设交通强国的重大意义，坚决贯彻党中央决策部署，全面推进精品建造和精细管理，努力实现交通运输的高质量发展，切实当好中国现代化的开路先锋。

　　雅安—康定高速公路（以下简称"雅康高速公路"），是国家高速公路网雅安至新疆叶城（G4218）高速公路的重要组成部分，是四川盆地进入青藏高原的经济大动脉，是稳藏安康的政治大走廊，是脱贫攻坚、乡村振兴的民生大通道。2018年12月31日，雅康高速公路全线建成通车，结束了甘孜藏族自治州无高速公路的历史，进一步完善了国家高速公路网，改善了藏族人民聚居地的交通条件，促进了经济社会发展和长治久安。

　　茫茫川西高原，崇山峻岭，山高谷深，河流纵横，地形、地貌、地质条件极其复杂，气候条件极其恶劣，生态环境极其脆弱，建设条件极其艰难。四川雅康高速公路有限责任公司（以下简称"雅康公司"）传承弘扬"两路"精神，践行绿色理念，坚持创新驱动，以打造优质工程、生态工程、和谐工程为目标，"实"字当头，"干"字为先，组织全体参建单位精心施工，科学管理，实现了工程又好又快、又美又廉建设，建成了二郎山隧道、大渡河大桥等超级工程，将雅康高速公路打造成内地通往藏族人民聚居地的发展

之路、致富之路、和谐之路、民族团结之路。

为系统总结雅康高速公路建设管理成果和经验，雅康公司组织相关单位和人员编写了此书，内容包括项目建设前期、设计、质量、安全、科技创新、环水保等全过程管理工作，具有鲜明的特色和较强的针对性，可读性较强，对高原、高寒、高海拔地区的高速公路建设质量管理工作具有典型示范意义，可以为藏族人民聚居地的高速公路建设管理工作提供有益的借鉴和参考。

在新的历史时期，我们已经迈上了全面建设社会主义现代化国家的新征程，持续"打造百年平安品质工程"，加快实现交通建设的高质量发展，需要我们坚持创新驱动，增强发展动能；坚持生态优先，实现绿色低碳；坚持学习互鉴，促进共同提高。我们期待着广大交通工程建设从业者继往开来，广泛交流，不断开拓创新，积极探索实践，不断提升技术、管理和服务，让创新与实践在公路建设领域蔚然成风、持续焕发出勃勃生机，为加快建设交通强国、努力当好中国现代化的开路先锋作出积极贡献。

他山之石，可以攻玉，希望大家不要错过。

2023 年 1 月 4 日

目录
CONTENTS

第9章　建设成就　　161

第1章
项目概述

1.1 工程概况

雅康高速公路是雅安至新疆叶城高速公路（G4218）中的一段，是《四川省高速公路网规划（2011年调整方案）》成都引入线"成都—雅安—巴塘—西藏"、横线"康定—雅安—泸州—重庆"的重要路段，是连接雅安与康定、沟通内地与藏族人民聚居地的重要通道。

雅康高速公路项目全长约135km（其中雅安段长89km、甘孜段46km），桥隧比达82%，路基宽度24.5m。项目全线采用双向四车道高速公路标准，设计速度80km/h，概算总投资230亿元。雅康高速公路于2014年9月全面开工，全体参建者弘扬"两路"精神，攻坚奋战，2017年12月实现雅泸段交工验收通车、2018年12月实现泸康段交工验收通车，并实现全线提前9个月建成通车。

雅康高速公路起于雅安市雨城区草坝镇，接成渝经济区环线乐雅高速公路（G93），在对岩镇与京昆高速公路（G5）成雅段、雅西段形成枢纽互通，向西经天全县、泸定县，止于康定城东。项目路线如图1-1所示。全线路基土石方2496万m³，桥梁109座（部分单幅桥梁，含特大桥梁7座），隧道总长72480m（含特长隧道51428m/10座），互通式立交11座，服务区4处、停车区1处，收费站9处。控制性工程包括"一桥（泸定大渡河大桥）、一隧（二郎山隧道）、两群（喇叭河隧道群、泸康段隧道群）、两枢纽（草坝枢纽互通、对岩枢纽互通）"。

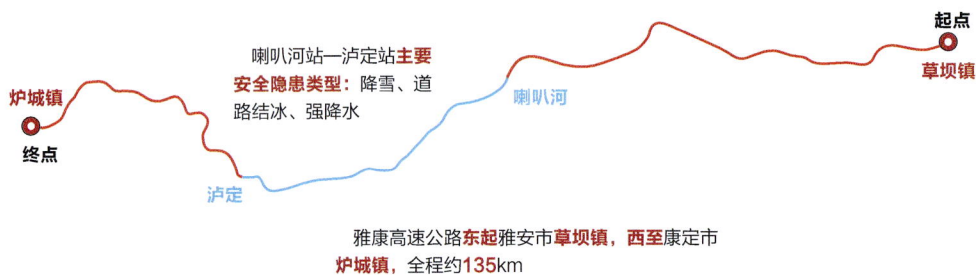

喇叭河站—泸定站**主要安全隐患类型**：降雪、道路结冰、强降水

雅康高速公路**东起雅安市草坝镇，西至**康定市**炉城镇，**全程约**135**km

图1-1　雅康高速公路路线图

　　泸定大渡河大桥（图1-2）位于四川省甘孜藏族自治州泸定县境内，东西横跨大渡河，是川藏高速公路的重要组成部分。泸定大渡河大桥是一座建设在高海拔、高地震烈度带和复杂强劲风场环境下的超大跨径钢桁梁悬索桥，因建设技术难度大被誉为"川藏第一桥"。全桥长1411m，主跨1100m，两岸主墩索塔高188m。塔顶至河面垂直高差364m。采用钢混叠合桥道系，桥面为双向四车道高速公路，设计速度80km/h，造价超过10亿元。

图1-2　泸定大渡河大桥

　　二郎山隧道（图1-3）连接雅安市天全县和甘孜藏族自治州泸定县，是成都平原进入甘孜藏族自治州的第一座高速公路特长隧道，被誉为"川藏第一隧"。隧道全长13.4km，是全国在建及通车第四长公路隧道，也是我国高海拔地区最长的高速公路隧道。二郎山隧道隧址处于板块交界地带，穿越13条区域性断裂带，地质条件极其复杂，低瓦斯、岩爆、软岩大变形、突泥涌水等地质灾害频发，被誉为"地质博物馆"。

图1-3　二郎山隧道

雅康高速公路全线共分土建施工合同段19个，路面施工单位3个，交安施工单位3个，房建施工单位6个，绿化施工单位6个，机电施工单位11个。经参建各方共同努力，克服了工期紧、安全风险高、施工难度大等困难，实现了雅康高速公路提前通车的要求（图1-4）。

图 1-4　2018 年 12 月 31 日，雅康高速公路全线建成通车

1.2　建设意义

雅康高速公路作为甘孜藏族自治州首条高速公路，它的建设为甘孜藏族自治州地区经济发展打通了"主动脉"。雅康高速公路是"井"字形路网中的一条重要横线，与汶

马高速公路交相辉映，构成了四川藏族人民聚居地区域高速公路网的横向骨架。此外，雅康高速公路既是成都平原经济区、川南经济区和攀西经济区连接甘孜藏族自治州进而通往西藏的重要通道，也是雅安至新疆叶城的重要组成部分；不仅是一条穿越芦山地震灾区的生命大通道，更是一条内地进入藏族人民聚居地、辐射带动藏族人民聚居地的经济大动脉、稳藏安康的政治大走廊、脱贫攻坚的交通大通道。

1）服务国家战略，促进藏族人民聚居地稳定发展，助推脱贫攻坚

实施西部大开发战略，是党中央、国务院在世纪之交作出的重大决策，是我国社会主义现代化建设全局的重要组成部分。深入实施西部大开发战略，是构建国家生态安全屏障，实现可持续发展的重大任务；是不断改善民生，增进民族团结和维护社会稳定的重要保障；是缩小地区发展差距，实现全面建成小康社会奋斗目标的必然要求。四川省是西部大开发的重要省（区、市）之一。甘孜藏族自治州地处我国西部川、滇、青、藏四省（自治区）结合地带。截至2018年，甘孜藏族自治州尚是四川省唯一没有通高速公路的州（市）。甘孜藏族自治州地处高寒缺氧地带，生态环境脆弱，自然灾害频繁，基础设施薄弱，自我发展能力不强。甘孜藏族自治州地势险峻，高山耸立、峡谷幽长，交通对甘孜人来说是扎实的"痛点"（图1-5）。

图 1-5 甘孜藏族自治州建在悬崖边的通村路

雅康高速公路的建设，将改变甘孜藏族自治州交通基础设施落后的面貌，对于维护和促进藏族人民聚居地的稳定，加强藏族人民聚居地与发达地区经济联系，改善当地投资环境，实现区域经济的跨越式发展具有重大意义。

2）完善路网结构，形成区域公路骨架网，提升通行效率

雅康高速公路是《国家公路网规划（2013年—2030年）》中18条东西横线之一的上海至成都高速公路（G42）联络线雅安至叶城高速公路（G4218）的重要组成部分，也是《四川省高速公路网规划（2008—2030）》中5条东西横线之一康定至泸州高速公路的重要组成部分，同时是四川省省会成都至甘孜藏族自治州州府的干线通道的重要组成部分和《四川省交通运输"十二五"发展规划》（川办发〔2011〕92号）重点建设的"连接甘孜州府，支持藏族人民聚居地发展的高速公路"之一。

雅康高速公路的建设进一步完善了国家和四川省高速公路网布局，有利于充分发挥成都至雅安高速公路、乐山至雅安高速公路以及雅安至西昌高速公路所组成的连接成都、雅安、乐山、西昌及攀枝花等地区的快速通道网络的整体效益，能够与驰名中外的"天路"川藏线（G318）相互补充，从而构架较为完善的区域骨架公路网。雅康高速公路建成通车后，从成都绕城高速公路出发，3.5h就可以到达康定市，较之前时间缩短近一半，极大提升了甘孜藏族人民聚居地交通出行条件，为甘孜藏族自治州人民出行提供了更加方便、快捷、安全的交通出行服务。

3）改善行车条件，缩短运营里程，满足交通量日益增长的需求

雅康高速公路二郎山隧道海拔高程位于1400~1600m之间，进出洞口（图1-6）均避开了暗冰路段，可以大大改善行车条件，从而保证常年通车。另外，雅康高速公路可以使雅安至康定的运营里程缩短约54km，对于节约在途时间，创造更加舒适、便捷的服务，节能减排等也具有积极的意义。

图1-6　二郎山隧道进出洞口

雅康高速公路的建设结束了四川甘孜藏族自治州不通高速公路的历史，加深了藏族人民聚居地与四川盆地的联系，突破了地域空间，与成渝经济圈、川西北经济圈、攀西经济圈这些经济相对发达的地区沟通连接，有利于甘孜藏族自治州引进先进的科学生产技术，结合自身资源优势，改变生产生活发展模式，寻求区域合作市场，促进经济社会跨越发展。特别对促进沿线优质旅游资源开发，提升沿线地方社会知名度和影响力具有重要意义。届时，游客可以先到雅安品味茶文化发源地的悠远神韵、熊猫故乡的自然生态，再经雅康高速公路行车1个多小时前往红色泸定一览铁索横渡，然后一路西进浪漫康定一览康巴文化。

4）改善民族地区生存和发展条件，促进民族团结，维护藏族人民聚居地稳定

雅安市是全省唯一与甘孜藏族自治州、阿坝藏族羌族自治州、凉山彝族自治州三个民族区域自治州接壤的市，是民族区域自治地方通向内地的过渡地带，历来有"民族走廊"之称。甘孜藏族自治州地处川、滇、青、藏四省（自治区）交界区域，是连接我国西北、西南地区的枢纽，面积约占整个四川省的1/3，是全国第二大藏族人民聚居地，也是汉藏文化接触交融的地带，历来是沟通西藏与内地的桥梁和联系汉藏政治、经济和文化的纽带，被藏族人民聚居地视为吸收和借鉴内陆发达地区先进技术、科学文化和管理试验的"大门"，在促进藏族人民聚居地发展稳定、扩大对外开放和加强文化交流方面起着重要的作用。因此，甘孜藏族自治州既是汉藏群众经济贸易频繁往来的交流地，又是历来兵家必争之要地。

党中央提出的"稳藏必先安康"战略方针，充分肯定了甘孜藏族自治州作为入藏咽喉在维护全国藏族人民聚居地稳定中的特殊地位。加快甘孜藏族自治州的社会经济发展，对促进藏族人民聚居地稳定有至关重要的作用，也是国家西部大开发等整体经济战略的重要组成部分。雅康高速公路沿G318线走廊带，经雅安市和甘孜藏族自治州，建成后彻底改善了目前甘孜藏族自治州落后的交通面貌，沟通连接内陆发达地区，接受中心城市的辐射影响，充分发挥其独特的资源优势，对全面建成小康社会将产生深远的影响，必将进一步促进藏汉文化交流，加强藏族人民聚居地同胞与内地广大地区的联系，对各族人民共享繁荣具有重要作用。雅康高速公路的建设极大地改善交通条件，对维护藏族人民聚居地的长治久安、保证广大民众的宪法权益具有重要意义。

5）开发地区优势资源，加强西部边远地区与中心城市联系，加速社会经济发展

雅安有很好的资源优势、区位优势和环境优势，四川雅安工业园区发展优势大，水电、机械制造、高载能冶炼、医疗化工业已初具规模，成为新一代雅安地区工业经济快速发展的支柱；世界知名的茶文化、熊猫文化、红色文化、旅游文化使得雅安具有广

阔的投资开发市场。甘孜藏族自治州地理位置独特，有丰富的自然资源、水资源和贵重金属资源，特别是有色金属和贵重金属等矿产资源品种多，有金、银、铜、镍、锂等稀有金属矿产60余种，这些资源在四川省矿产资源保有量中占相当大的比重，如铜占比为27%、锌占比为38%、镍占比为84%、金占比为56%、锂占比为84%、铌占比为87%、镉占比为25%。形成固体矿产地998处，已经探明的超大型和大型矿床有30余处，固体矿产地黑色金属矿产地85处，有色金属矿产地364处，贵金属矿产地109处，稀有金属矿产地50处，能源矿40处，冶金辅助原材料矿产地29处，建筑材料矿产地228处，特种非金属矿产地36处。甘孜藏族自治州境内水利资源十分丰富（图1-7），境内大渡河、金沙江、雅砻江等水电蕴藏量大，但开发不及时。

图 1-7　项目所在地丰富的水利资源

雅康高速公路的建设对区域内环境资源的合理利用及保护具有重要的现实意义。同时，雅康高速公路辐射区还是我国重要的长江上游生态屏障，对保证我国生态安全起着生死攸关的作用。雅康高速公路的建设将使得四川省西部地区从地域空间上得到突破，结合自身资源优势，改变生产生活发展模式，寻求区域合作市场，加速川西地区社会经济快速发展。

6）发展沿线旅游产业、促进全省旅游事业发展

雅康高速公路所在区域位于四川省西部地区，北靠阿坝藏族羌族自治州至青海，南连凉山彝族自治州、攀枝花至云南、贵州，东接眉山、乐山，西望西藏，其中分布着世界文化遗址1处、世界自然遗产1处、国家5A级旅游景区1处、国家4A级旅游区4处、国家重点风景名胜区4处、国家自然保护区4处、国家级森林公园2处，是四川省旅游资源最丰富的地区之一，是著名的川藏旅游资源富集区。

雅安是新兴的中国优秀旅游城市、CCTV2006十佳中国魅力城市、世界自然遗产——大熊猫栖息地（卧龙—四姑娘山—夹金山），地处四川盆地西缘，是成都平原向青藏高原的地形、生态、气候的自然过渡地带和汉民族向藏、羌、彝民族的人文过渡地带，蒙顶山、碧峰峡、大熊猫基地、周公山温泉、上里古镇等旅游景区环抱四周，城市和景区紧紧相连，互为依托，集高原风光、原始森林、地热温泉、珍稀动植物、民族风情、历史文化、红色文化等于一体，具有资源丰富、类型多、品位高、综合性好的特点。

甘孜藏族自治州位于四川盆地与青藏高原的过渡带上的横断山脉中段，因特大的高差，使这里形成了具备从河谷亚热带到高山永冻带的垂直带谱（共7个），也形成了独特的自然生态景观。东部地区有环绕"蜀山之王"贡嘎山形成的雄、奇、险、峻与秀美旖旎于一体的自然景观；位于甘孜藏族自治州东南部、贡嘎山东坡的海螺沟（图1-8），是贡嘎山国家级风景名胜区的核心景区之一，是国家级自然保护区、中国唯一的冰川森林公园、国家4A级旅游区、国家地质公园。南部地区有被称为"蓝天下最后一块净土"的稻城亚丁自然保护区，并以此为核心形成了"中国香格里拉生态旅游区"。北部地区以德格印经院和格萨尔故里为中心，自然景观与康巴文化相融合，独具魅力，拥有得天独厚、各具特色的旅游资源。雅康高速公路的建设，会使当地的交通条件得到极大改善，丰富的旅游资源对吸引外来资本，开发利用并保护自然资源，对发展地方绿色、生态经济将起到重要作用。

图1-8 海螺沟冰川遗迹

7）应对重大自然灾害，顺利实施抢险救灾，灾后重建，最大程度保障广大川西部高原地区人民的生命财产需要

雅康高速公路通过地区为成都平原向青藏高原的过渡地带，地形地质条件极其复

杂，高山峡谷地形加上松散的地质条件、复杂的地质构造，造成这一区域地震、泥石流（图1-9）、滑坡、大型崩塌等自然灾害频发，给当地人民群众的生命财产带来了极大的危害。回想"5·12"汶川大地震后，由于道路损毁造成交通不便，抢险人员与物资不能在第一时间到达重灾区，使抢险工作不能顺利进行，受伤及遇险群众的生命不能及时救治，造成了生命财产的巨大损失，灾后重建工作因交通不便而困难重重。雅康高速公路所经甘孜藏族自治州地形地质复杂程度较汶川更甚，交通更加不便，同汶川地区一样也是地震、泥石流、滑坡等重大自然灾害多发区。雅康高速公路的建设大大提高了该地区交通线的抗灾能力，对人们应对自然灾害、提高抗灾救灾能力具有重要的意义。

图1-9　泥石流造成交通中断

1.3　建设特点

雅康高速公路作为首条从四川盆地向青藏高原快速攀升的高速公路，建设面临"五个极其"的严峻挑战和考验，被院士和专家团队比喻为攀登"公路建设的珠穆朗玛峰"。

1）地形条件极其复杂

雅康高速公路地形条件如图1-10所示，项目位于四川盆地向青藏高原过渡的横断山脉，短短135km需克服约2000m的高差，为典型的V形深大峡谷。该区域海拔快速爬升，地貌类型复杂多样、地形狭窄陡峻、沟壑纵横、起伏巨大，路线在崇山峻岭中布设，需穿越狭窄河谷和高大山体。

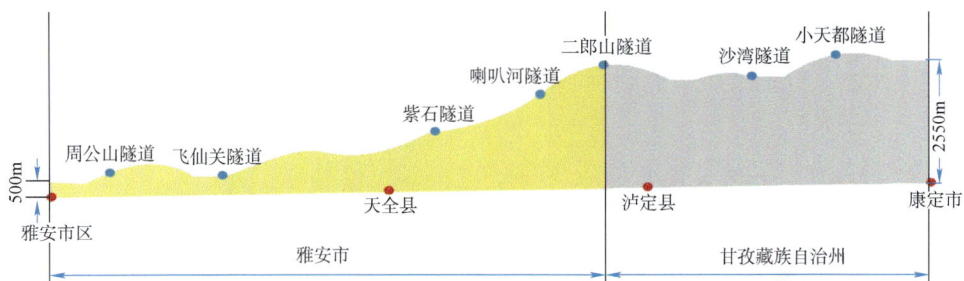

图1-10　雅康高速公路地形条件

2）地质条件极其复杂

雅康高速公路地质条件如图1-11所示。项目位于高烈度地震区域，需穿越龙门山断裂、安宁河断裂等多条区域大断裂带，地震烈度高。受其影响，区域内滑坡（图1-12）、崩塌、泥石流等不良地质极其发育，频发次生灾害。二郎山隧道穿过13条断裂带，泸定大渡河大桥处于Y形活动断裂区域，工程地质条件较为复杂。

图1-11　雅康高速公路地质条件

图1-12　雅康高速公路山底滑坡

3）气候条件极其恶劣

在气候条件上，由于雅康高速公路属于从四川省的盆地地形到西藏的高原过渡地带，地貌类型复杂多样，地形狭窄陡峻，因此，气温会逐渐变化，穿越不同的气候垂直分布带，受到大雪冰雹等自然灾害（图1-13）影响的时间也较长。

图1-13　雅康高速公路气候条件

4）生态环境极其脆弱

雅康高速公路生态环境如图1-14所示。项目紧邻大熊猫栖息地自然保护区，穿越省级珍稀鱼类保护区，环境敏感点多，工程实施带来植被保护等问题面临巨大环境考验，工程建设的环境保护、水土保持工作任务较为艰巨。

图1-14　雅康高速公路生态环境

5）工程施工极其困难

雅康高速公路是当时全国在建高速公路桥隧比最高、施工难度最大的项目之一。雅康高速公路工程建设条件如图1-15所示。项目与G318线、水电设施反复交叉干扰，安全风险高。长50km的隧道群穿越高山峡谷，施工便道布设于悬崖峭壁，特别是泸康段的隧道群，隧道与G318线垂直高差约580m，有的合同段需修建约8km的施工便道才能到达隧道支洞作业点，施工便道因展线需迂回近24道回头弯，材料运输、隧道弃渣以及电力供应极其困难。泸定大渡河大桥跨径1100m（全省第一），面临极高的地震烈度（Ⅷ度）、复杂的风场条件、极不稳定的高陡边坡等。二郎山隧道长13.4km，是全国第三长隧道，最大深埋1700m、地应力高，易出现岩爆和大变形，穿越13条地震断裂带，存在瓦斯、岩溶、涌突水等不良地质，施工质量和安全风险高，斜井单洞长3.3km，隧道独头掘进长达

6.8km，斜井建设规模、隧道独头掘进为全国之最。

图1-15　雅康高速公路工程建设条件

雅康高速公路全线提前建成通车实现了交通人和各族群众高速公路进甘孜藏族自治州的梦想，结束了甘孜藏族自治州不通高速公路的历史，实现了超级工程从平原到高原的跨越，实现了攻坚"五个极其""建设超级工程建造能力的跨越"，实现了"工程出精品、队伍出人才、创新出成果"的建设目标。

第2章
企业概况

2.1　建设单位

蜀道投资集团有限责任公司（以下简称"蜀道集团"）成立于2021年5月28日，是重组整合四川省交通投资集团有限责任公司和四川省铁路产业投资集团有限责任公司，通过新设合并方式组建的省属国有企业。作为全省交通强省建设的主力军和排头兵，蜀道集团在交通基础设施设计施工建设领域具有全球竞争力，业务涵盖公路铁路投资建设运营、相关多元产业（交通物流、交通服务、交通沿线新型城镇化建设、矿产及新材料投资、清洁能源投资等）、智慧交通、产融结合四大板块。蜀道集团直属企业如图2-1所示，拥有5家3A级境内信用评级主体和四川路桥、四川成渝、蜀道装备3家上市公司，综合实力位列全国省级交通企业"第一方阵"。

蜀道集团四川藏区高速公路有限责任公司（以下简称"藏高公司"）成立于2013年8月，是为贯彻落实四川省委、省政府关于加快推进四川涉及藏族人民聚居地区域高速公路建设战略部署，解决四川涉及藏族人民聚居地区域高速公路投资、建设和管理过程中存在的困难而专门设立的公司。经过持续开拓创新，藏高公司探索出以四川涉及藏族人民聚居地区域高速公路项目的投资、建设、运营管理为主业，"交通+科技""交通+服务""交通+旅游"相关多元产业协同发展的道路。

四川高速公路建设开发集团有限公司	四川路桥建设集团股份有限公司	四川成渝高速公路股份有限公司
四川藏区高速公路有限责任公司	四川蜀道铁路运营管理集团有限责任公司	四川蜀道新制式轨道集团有限责任公司
四川蜀道城乡投资集团有限责任公司	四川蜀道物流集团有限公司	蜀道交通服务集团有限责任公司
蜀道资本控股集团有限公司	四川省川瑞发展投资有限公司	

图 2-1　蜀道集团直属企业

　　雅康公司成立于2013年12月，是由藏高公司设立的全资子公司，具有独立法人资格，独立核算、自主经营、独立承担法律和经济责任。

　　雅康公司主要负责雅康高速公路建设、运营管理和雅叶高速公路过境段工程建设等工作。自成立以来，在蜀道集团和藏高公司的正确领导和关心支持下，雅康公司紧紧围绕"工程出精品、科技出成果、队伍出人才"的建设目标，突出抓好高速公路建设运营主业，由主业发展带动旅游等相关产业发展，大力发展"交通+旅游"项目，项目建设运营顺利推进。未来，雅康公司将紧紧围绕"通、好、美、廉"目标，以"两加快、两加强、两提升"为核心，发扬同心协力、拼搏奉献、勇为人先、追求卓越的企业精神，巩固执行制度、规范行为、精细管理、强化控制的工作机制，进一步提升精细化管理水平、专业化业务能力、标准化服务流程、信息化管控手段，着力打造又好又快、又美又廉的企业核心竞争力，推动雅康公司实现高质量高速发展。

雅康公司始终将"勇为人先，追求卓越，齐心协力，拼搏奉献，实现一个梦想，两个跨越"作为企业文化，如图2-2所示。"一个梦想"是四川甘孜藏族自治州涉及藏族人民聚居地区域人民拥有高速公路的梦想；"两个跨越"分别为四川高速公路从平原向高原的跨越、四川高速公路建设能力的跨越。

corporate culture
企业文化

勇为人先，追求卓越
同心协力，拼搏奉献
实现一个梦想，两个跨越
一个梦想：
四川甘孜藏族自治州涉藏地区人民拥有高速公路的梦想
两个跨越：
一是四川高速公路从平原向高原的跨越
二是四川高速公路建设能力的跨越

图2-2　雅康公司企业文化

2.2　组织架构

截至2021年底，雅康公司资产总额232.96亿元，净资产145.19亿元。雅康公司自成立以来始终保持稳健经营、稳定发展态势，相继荣获"古斯塔夫林登少奖""鲁班奖""国家优质工程奖""李春奖""四川省工人先锋号"等10余项国际性、国家级和省级荣誉，涌现出一批荣获"全国五一劳动奖章""四川省劳动模范"等的先进个人。雅康公司坚持"有为才有位、凡事重落实"的工作理念，工作"实"字当头，落实"干"字为先，确保内部管理规范有序。项目实行项目法人、工程招标、工程监理、合同管理四项基本制度，雅康公司为项目法人，内设工程综合办公室、工程建设部、资金财务部、技术合同部、党纪工作部、安全生产办公室6个职能部门，现场设雅安、天全、泸定3个业主代表处。雅康公司的组织架构图如图2-3所示。通过招标确定设计、施工、监理、试验检测等建设单位，通过委托签订协议明确征地拆迁、施工协调单位。

雅康公司建立了一个包含各方面人才的项目管理班子。公司总经理授权各班子成员分管不同的工作，根据业务需要下设相应的业务部门，在分管领导的直接领导下开展各自的工作。这种模式下，总经理对各业务部门进行直接管理，对工程的实施情况通过对各分部的管理来完成。董事长对项目质量负领导总责，总经理负主要领导责任，各分管副总经理对所管辖的范围负直接领导责任。工程建设部对施工、监理、检测等从业单位的质量管理行为进行管理。技术合同部负责配合上级对初步设计审查、施工图审查、设计变更等基本建设程序的管理。各代表处负责分段对现场设计、施工、监理、检测等的质量管理行为的管理，以及施工工艺的管理、工程实体质量控制的管理、质量保证资料整理归档的管理。

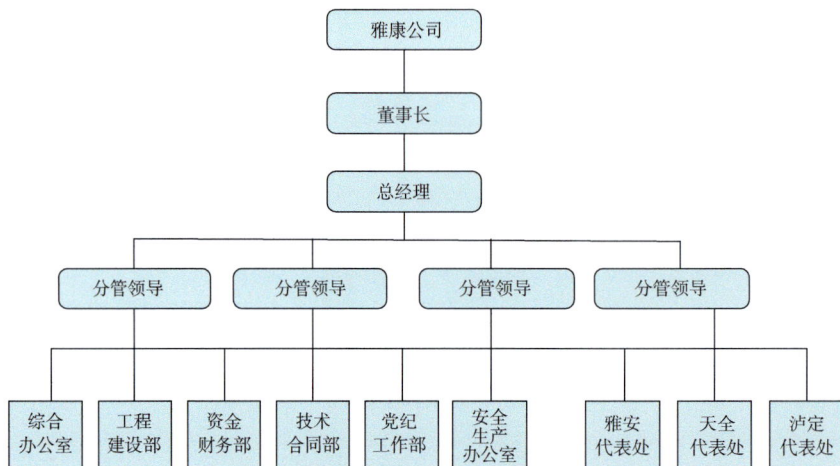

图2-3 雅康公司组织架构图

2.3 部门职责

根据项目实际施工管理需求，对项目施工过程中各部门的主要职责规定如下。

2.3.1 综合办公室职责

（1）负责公司和董事会日常事务工作，与各级部门和单位联系沟通，围绕公司中心工作开展调查研究，为公司决策提供依据，负责公司决策、目标计划的督查、督办、考核、评价等工作。

（2）负责公司文书、档案管理和制度建设，负责草拟公司综合性文件、报告、工作总结、工作安排、会议纪要和其他综合性文字材料，编发工作简报、上报项目工作信息，负责印章管理和保密工作。

（3）负责公司固定资产、办公生活用品、车辆的统一管理。

（4）负责公司宣传、接待、信访以及公司会议的组织、会务等工作。

（5）负责公司人事管理，执行公司薪酬管理、绩效考核制度，负责人员调配、职工绩效考核、晋职晋级申报、职务职称聘任和教育培训等工作。

（6）负责公司法制宣传、综合治理工作，处理有关法律事务。

（7）负责职责范围内的安全生产工作

（8）完成领导交办的其他工作。

2.3.2　工程建设部职责

1）负责工程建设管理

（1）负责工程进度管理工作。根据项目总体建设目标，编制工程建设总体及年、季、月进度计划，编制上报年度、季度、月投资计划；组织审查重要工程、关键工程施工组织方案；组织召开项目建设年度、半年、季、月工作会议，安排部署、检查监督各项目标计划的实施，组织对各代表处和各参建单位的综合考评。

（2）负责工程质量管理工作。建立健全质量保证体系和质量责任制度；制定并不断完善质量监控措施、质量通病防治措施；深入施工现场巡查，掌握工程质量动态，督促质量缺陷整改，及时纠正处理合同违约行为，及时上报、处理质量事故；配合上级部门的监督、检查。

（3）负责工程费用管理工作。工程费用管理包括计量与支付、价格调整、费用索赔等的管理。组织制定并执行项目工程费用管理办法；组织计量支付报表编制、审查；建立费用计量支付台账；组织费用计量支付管理检查，提出相应处理意见报告。

（4）负责工程变更管理工作。组织制定并执行项目工程变更设计管理实施细则；组织方案评审、变更审批与实施，建立变更管理台账。

（5）负责设计后期服务管理工作。监督、协调设计单位做好设计后期服务工作，负责监督、协调咨询单位做好变更设计咨询服务工作。

（6）负责工程监理、试验检测管理工作。监督、协调监理、试验检测单位做好监理和试验检测服务工作；审查相关工作计划、报告。

（7）负责项目工程竣工资料的管理工作。组织制定并执行项目工程竣工资料管理办法；组织竣工资料的检查、整理、归档；组织完成竣工文件编制。

（8）负责工程计划统计管理工作。组织制定并执行项目工程计划统计管理办法；组织计划统计报表的编制、审查、报送；组织相应检查、建立相应管理台账。

（9）负责工程交、竣工验收管理。参与科研项目管理工作并负责组织现场实施。

2）负责征地拆迁和施工协调

（1）负责协助相关部门完成项目建设用地手续批复的相关事宜。

（2）负责依据上级批复设计文件，按工程建设进度的要求，向沿线市、县（区）指挥部提供征地拆迁图纸资料及征地拆迁数量。

（3）负责组织相关单位实施项目工程征地拆迁的复测放线、打桩、埋界、土地丈量登记、拆迁物的核实造册等工作。

（4）组织审核征地拆迁的实际数量和补偿费用，根据征地拆迁工作进度提出付款计划，会同财务部门完成征地拆迁费用结算。

（5）组织、协调沿线市、县（区）指挥部完成施工协调工作，办理施工临时用地手续，及时提交工程施工使用。

（6）负责项目路产、路权的管理，办理公路及配套、服务设施征地拆迁的产权手续及有关审批文件。

（7）负责项目征地拆迁、施工协调的统计联络、解释宣传工作。

（8）负责组织征地拆迁工作人员业务培训。

3）负责安全生产管理

（1）建立健全项目建设安全管理体系和责任制度，制定项目建设安全生产管理制度、安全生产工作规划、年度和季度工作计划，经审定后组织实施和检查考核；配合上级部门的监督、检查。

（2）负责综合统计上报安全生产报表和安全生产情况报告。

（3）负责参加项目安全生产评价审查、工程验收等工作。

（4）负责组织项目建设各单位开展安全教育和安全知识竞赛，收集安全生产信息，掌握安全生产动态，总结推广安全工作先进经验。

（5）负责监督管理项目建设各单位劳动防护用品的配备、使用和管理。

（6）负责组织项目安全事故的调查分析，并提出处理意见。

（7）负责编制安全生产经费预算，监督安全生产费用的合理使用。

4）负责职责范围内的安全生产和廉政建设工作

5）完成领导临时交办的其他工作

2.3.3　技术合同部职责

（1）负责贯彻执行公路工程项目建设法律、法规和方针、政策，结合实际制订本项目工程建设的技术管理制度并负责监督贯彻实施。

（2）负责项目招投标管理工作。

（3）负责配合藏高公司做好项目工程勘察设计管理工作。配合上级主管部门组织完成项目工可以及环境影响评价、水土保持方案、用地预审等专项报告的编制、审查和报批工作；负责配合藏高公司组织初步设计（含概算）、施工图设计文件（含预算）的编制、审查和报批工作。

（4）负责项目合同文件管理工作。组织制定并执行项目合同文件管理办法；组织合同文件的编制、审查、鉴定；负责合同条款的解释。

（5）负责工程技术管理工作。组织设计交底；组织技术交流、考察、培训并编制相应报告；配合藏高公司组织特长隧道、特大桥梁等重特大工程施工组织设计、较大、重大设计变更方案的审查；负责对工程质量事故进行调查并提出处理意见。

（6）负责项目造价管理工作。建立健全项目工程造价管理与控制体系，落实工作责任；组织项目工程造价管理检查，掌握造价控制动态，提出相关处理意见；配合上级部门的监督检查；组织工程估、概、预决算编制、审查和报批。

（7）负责科研及信息化建设管理工作。组织完成科研及信息化建设项目的立项、检查、统计、汇报、结题、报奖。

（8）参与相关部门组织的专项督查，参与交竣工验收。

（9）负责职责范围内的安全生产和廉政建设工作。

（10）完成领导交办的其他工作。

2.3.4　资金财务部职责

（1）负责贯彻执行国家相关会计法律法规、财经纪律、财务制度，严格履行会计法赋予的权利和义务。

（2）建立健全公司会计核算等内控制度，制定并执行相应的财务管理办法。

（3）负责公司年度财务预决算的编制和报批，组织财务预算的执行考核。

（4）依据工程建设资金计划，积极合理筹措资金；根据合同依法及时拨付各类款项，保证工程建设资金需求。

（5）负责项目工程建设资金的监督管理工作，制定并执行项目工程建设资金管理办法，定期检查资金使用情况，完成相应报告，提出处理意见，确保工程建设资金专款专用。

（6）负责公司固定资产核算，定期组织固定资产清查盘点，协调实物管理和使用部门进行固定资产定额配置、调剂、新增、报废更新、使用维修、清查盘点等项工作。

（7）负责公司会计核算，定期编制财务会计报告、报表，及时、真实、准确、完整提供各类会计信息资料。

（8）配合上级审计部门财务审计工作，负责内部财务审计工作。

（9）负责组织完成本项目竣工财务决算编制、审查、上报工作。

（10）负责本部门形成的财务会计、文书档案立卷归档工作，按规定及时移交办公室。

（11）负责职责范围内的安全生产和廉政建设工作。

（12）完成领导交办的其他工作。

2.3.5　党纪工作部职责

（1）制定切合公司实际的发展党员工作计划，做好党支部发展党员工作。

（2）定期召开民主生活会，建立健全民主生活会制度。

（3）组织党支部开展"评优评先"和民主评议活动。

（4）负责党支部日常工作，做好公司入党积极分子的教育培养和党员干部培训作。

（5）负责党员组织关系的接转工作和党员统计工作以及党费管理。

（6）负责上报党建工作各项报表工作。

（7）负责团支部各项工作的开展。

（8）负责检查公司党组织、党员贯彻执行党的路线、方针、政策和国家的法律、法规及公司的决议、决定、规章制度的落实情况。

（9）受理公司党员的控告、举报、申诉和党内的来信来访，保护举报人的合法权益；依照国家法律、法规，保护监察对象依法行使的合法权利，负责组织对公司党员进行党性、党风和党纪教育。

（10）检查、处理党的组织和党员违反党的章程及其他党内法规的案件，协助、配合上级纪检监察部门查处各种违法违纪案件并按照有关规定执行党组织对违纪党员的处分决定。

（11）在公司党组织领导下负责组织、协调党风廉政建设、党员领导干部的廉洁自律和纠正行业不正之风，建立健全有关规章制度并检查落实情况。

（12）配合有关部门做好干部的考核评议工作，加强对干部的监督。

（13）对公司行政的重大决策、重大项目、专项资金的执行情况开展监督检查，对执行不力、违纪违规行为开展批评教育，提出处理意见。

（14）完成上级纪委监察部门和公司党组织交给的其他工作。

2.3.6　安全生产办公室职责

（1）负责宣传、贯彻执行国家安全生产的方针、政策和法律法规及上级部门有关文件精神，指导、协调、监督项目各参建单位的安全生产管理工作。

（2）制定项目安全生产工作规划、年度和季度工作计划，经审定后组织实施和检查考核；制定项目安全生产应急预案；配合上级部门的监督、检查。

（3）负责公司社会治安综合治理工作及机关安全管理工作。

（4）负责综合统计上报安全生产报表和安全生产情况报告。

（5）参加项目安全生产评价和应急预案方案审查、工程验收等工作。

（6）组织项目各参建单位开展安全教育和安全知识竞赛，组织应急预案演练和施工现场安全评价，收集安全生产信息，掌握安全生产动态，总结推广安全工作先进经验。

（7）监督项目各参建单位应急救援和劳动防护用品的配备、使用和管理。

（8）组织项目安全事故的调查分析，并提出处理意见。

（9）负责监督安全生产费用的合理使用，负责施工安全专项经费的计量支付审核。

（10）负责安全生产管理内业资料的整理、归档。

2.3.7　业主代表处职责

（1）负责代表公司对所辖路段工程建设进行质量、安全、进度、投资、环保水保、征地拆迁、施工协调等的现场管理，执行合同和各项管理制度，定期编写并上报工程建设信息，接受公司各处室部门的业务指导和监督检查、考核评价，完成公司下达的目标任务。

（2）负责对所辖路段工程建设监理、试验检测、施工设计等有关单位进行合同管理。定期组织对各单位履约情况进行检查，完成各单位履约考核和信用评价初评。

（3）负责所辖路段工程建设的计划统计、计量支付、变更设计，重大技术方案的编制、审查、上报等管理工作，组织或参与工程建设的技术服务和科技攻关工作。

（4）负责代表处内部廉政建设及日常行政办公、生活管理；负责代表处工作人员工作安排、考勤和考核；与公司综合办公室协商安排和管理工作用车；配合和协助公司各部门开展有关会务以及接待事务。

（5）负责职责范围内的安全生产和廉政建设工作。

（6）完成公司交办的其他工作。

2.4　制度体系

企业管理制度关系着企业的长远发展，也关系着企业员工工作的积极性和稳定性，完善企业管理制度具有十分重要的意义。

为保证管理体系高效运转，雅康公司针对管理体系的各个环节建立起行之有效的协调联系机制、相互制约机制，同时辅之奖惩机制和保证机制，建立了一套完善的制度体系，探索出一条独具特色的经营管理之路，使雅康公司的运转有章可循、有迹可查，保证了雅康公司对外是一个形象整体，对内充满生机、活力。

为完善公司治理体系，雅康公司开展了机构改革，完成部门岗位设置，进一步理顺管理架构，实现权责明晰、协同支持。建立完善《"三重一大"决策制度实施细则》《党委会议事规则》等。完成公司章程修改，对党委、董（监）事、经理层的职数、配置进行了明确，进一步厘清了职责边界，规范了法人治理体系。进一步将企业管理全面纳入制度化、规范化轨道，实现用制度管人、用制度管事，干部人事工作的规范化、制度化进一步增强。全面落实专家论证、法律审核的工作机制，实现了规章制度、经济合同、重大项目投资法律审查全覆盖。进一步强化了前置审核和过程跟踪，切实做到依法决策、依法经营。审计工作更加强化。积极配合省审计厅和蜀道集团过程跟踪审计工作，积极组织存在问题的整改，促进资金安全、合法、合理使用，提高建设管理水平和资金使用效率。深入开展了项目财务收支审计、内部咨询审计等工作，不断强化审计结果运用，规范管理的行动自觉进一步增强。

根据雅康公司全面建设一流现代化管理企业的工作要求，坚持向制度化管理要效益，持续提升企业规范化治理效率，系统梳理、修订了公司管理制度，形成了涵盖人事、财务、工程、党建等300余项制度的《雅康公司项目建设管理资料汇编》（图2-4），现代企业制度日趋完善。

雅康公司多措并举提升员工业务水平。同时组织本部管理人员下工地、代表处人员进项目一线工区、工地实验室的活动，提升员工综合能力。在项目开展过程中始终坚持四个措施：一是专业培训，多次邀请有关专家对员工进行岗位专业、职业道德培训，提高员工的业务水平；二是加班加点，公司领导班子带头"5+2""白加黑"，坚持节假日现场值班；三是一岗多责，业主代表既管工程建设，又管征拆协调，综合管理能力和业务技术水平在工程建设一线得到了锻炼与提高；四是综合考核，考核结果与工资、职称、职务晋升挂钩，通过考核实现"有为才有位、凡事重落实"的工作理念，即经济上的位置、政治上的位置、个人发展上的位置。

雅康公司实行一岗多责，合署办公，提高管理效率。业主代表一岗多责，既管工程建设，又管征拆协调，在建设一线勇挑重担，攻坚克难。业主代表处与总监办、实验室、设计代表实施合署办公，克服人手不足的困难，集中技术力量，降低管理成本，提高管理成效。

雅康高速公路
项目建设管理资料汇编
·设计招标/人事财务/行政后勤/党风廉政/工程建设/征地拆迁·
（2014年度）

四川雅康高速公路有限责任公司
二〇一五年二月

工程	《雅康高速公路梁板制梁工标准化实施意见》
	《雅康高速公路项目"奋战藏区天路、建功雪域高原"劳动竞赛考评管理办法》
	《四川雅康高速公路有限责任公司质量管理办法》
	《四川雅康高速公路有限责任公司样板工程实施办法》
	《四川雅康高速公路有限责任公司文明施工管理办法》
	《四川雅康高速公路有限责任公司质量创优评定办法》
	《四川雅康高速公路有限责任公司安全生产管理组织机构》
	《四川雅康高速公路有限责任公司安全生产管理制度》
	《四川雅康高速公路有限责任公司值班与突发事件信息报送制度》
	《四川雅康高速公路有限责任公司平安工地考核评价工作实施方案》
	《雅康高速公路安全生产大检查实施方案》
	《四川雅康高速公路有限责任公司工程进度管理办法》
造价	《四川雅康高速公路有限责任公司监理试验检量支付管理办法》
	《四川雅康高速公路有限责任公司监理计量管理办法》
	《四川雅康高速公路有限责任公司监理管理办法》
	《四川雅康高速公路有限责任公司路基土建计量支付管理办法》
	《雅安至康定高速公路项目设计变更管理实施细则》
环水保	《四川雅康高速公路有限责任公司环境保护与水土保持管理办法》
征地拆迁	《雅安至康定高速公路项目征地拆迁工作管理办法》
	《雅安至康定高速公路项目征地拆迁资金管理办法》
	《雅康高速公路项目杆管线及重大专项拆迁工作管理办法》
党风·廉政	《四川雅康高速公路有限责任公司廉洁从业谈话制度》
	《中心组学习制度》
	《民主生活会制度》
	《"三会一课"制度》
	《党员干部廉洁从业承诺规定》
	《四川雅康高速公路有限责任公司"创三优、铸利剑、树新风"活动实施方案》
	《雅康公司开展"三严三实"专题教育实施方案》

图2-4　雅康公司项目建设管理资料汇编

雅康公司建立健全项目高质量发展的指标体系、制度体系、标准体系和绩效评价、业绩考核机制。创新管理理念，主动适应建设管理模式的多样性。加强项目发承包双方风险责任划分和实施途径研究，合理分担风险。积极适应电子招标等新型招标模式，优化合署办公机制。深化激励约束机制，坚持"有为才有位、凡事重落实"的工作理念，持续运行四张表格制度，把项目推进情况纳入效能监察范围，严格落实建设项目年度考核评价工作，强化现场办公机制。提升工程品质，落实落地《集团公司公路水运品质工程建设指南》，认真按照集团和藏高公司要求，开展雅康高速公路项目建设历史展现试点工作，全面推进国家、省优质工程创建活动。

雅康公司始终坚持"三定"原则，综合考核，提高个人位置。雅康公司按定人、定责、定时的"三定"原则安排布置工作，安排布置的工作要有落实、有检查、有结果、有整改、有反馈意见。每月开展综合考核，考核结果与工资、职称、职务晋升挂钩，通过考核实现"有为才有位、凡事重落实"的工作理念。

2.5　工作理念

雅康公司持续强化"五坚持五加强"工作理念与工作机制，努力提升项目建设管

理水平。持续坚持"四个目标",加强民生工程建设;坚持"四个创新",加强优质工程建设;坚持"四个强化",加强生态工程建设;坚持"四个会议",加强和谐工程建设;坚持"四个活动",加强廉洁工程建设。雅康公司牢固树立依法建设观念,严格执行合同,管理行为持续规范,过程控制得到强化,管理偏差不断减少。坚持精细化管理,采用"定人、定责、定时"的工作方法,倒排工期,挂图作战。实施现场办公、现场督办和考核评价管理机制,重难点问题得到及时有效解决。

2.5.1　坚持"四个目标",加强民生工程建设

建设雅康高速公路具有重要的战略意义,工程建设面临"五个极其"的挑战。结合集团、藏高公司要求和项目建设实际,雅康公司归纳总结出"通、好、美、廉"四个关键目标。

(1)"通":首先要保证项目如期竣工通车,交通运输部批复的工期是5年(2014—2019年)。为了加快藏族人民聚居地发展,雅安至泸定段需提前至2017年底通车。在工程难度很大、征地拆迁等环境保障任务重的前提下,如何保证质量和安全,又好又快推进项目建设,实现提前通车目标,是摆在建设者面前的一道难题。为此,建设者倒排工期、正排工序,完成相应的建设计划作为项目建设管理目标的总纲。

(2)"好":就是要保证工程质量优良、施工安全、投资节约。光是通车还不够,必须要达到优质工程、精品工程。由于雅康高速公路社会关注度高,桥隧比高、施工难度大、施工安全风险压力非常大,建设过程中,如何控制质量、保证安全、节约投资,怎样处理好项目建设与沿线脆弱生态的环境保护、水土保持的矛盾,无不考验建设者的智慧。

(3)"美":就是要保证项目工程内实外美。一条路修通了,验收也合格,但跑起来是否舒适,是否美观,能否体现高速公路文化,能否展线藏汉走廊、茶马古道、长征之路的神韵,能否传承"两路"精神、建设绿色公路的精神内涵,都值得建设者思考与探索。要打开思路,结合隧道洞门建筑、互通立交、收费广场、大渡河大桥、二郎山隧道、泸康段隧道群等几个关键节点认真思考,将高原自然景观、汉藏文化元素、高速公路现代元素有机结合,力争有所创新和突破。

(4)"廉":就是要保证队伍廉洁。雅康高速公路项目管理的特点是人员较少、任务繁重,每位员工都有各自的工作职权,特别是代表处、工程部更是权责重大。项目工程建设风险来自两个方面,一方面是工程质量安全风险,另一方面则是干部队伍廉洁风险。

以上四个方面的中心工作，进一步确立了项目建设的目标，就是要重点突破提前"通"与"美、好、廉"之间的矛盾，又好又快、又美又廉地建设雅康高速公路，确保建成民生工程、优质工程、和谐工程、生态工程、廉洁工程。

雅康公司始终以建优质工程、精品工程为目标，正确处理雅康高速公路桥隧比高、施工难度大、社会关注度高、施工安全风险压力大等问题，确保了建设过程中质量、安全、造价受控。

2.5.2　坚持"四个创新"，加强优质工程建设

雅康公司执行合同，规范行为，精细管理，强化控制，坚持"四个创新"（即技术创新、工艺创新、组织创新、管理创新），攻克了一系列难题，又好又快建设成效初显。

1）技术创新

（1）"三个首次"解决二郎山隧道重大技术难题。首次设置双车道大断面洞内交通转换通道：提高隧道防灾救援能力，实现"长隧短运"，提高行车安全性。首次采用超预期抗震设计理念：穿越区域活动性断裂内隧道断面整体扩大40cm，为震后加固预留空间，并保证加固后不降低隧道的服务水平。首次在隧道内设置自流水高位消防水池：完全取消抽水设备，提高消防可靠性并节能，提出利用斜井高差引水发电方案，充分利用隧道两端气候气象不同形成的气压差设置自然风道，辅助通风节能约15%。

（2）LED（发光二极管）视觉动态照明系统解决超长隧道及隧道群的行车舒适难题。LED视觉动态照明系统为国内首次，可以在隧道内营造一个良好的行车环境，舒缓了行车心理压力，提高了行车舒适度，进一步降低了行车的安全风险。

（3）利用北斗卫星技术解决高陡边坡安全监测难题。利用科技手段，提高安全管控能力。北斗卫星技术与沿线地质灾害排查情况相结合，在雅康高速公路上72个点位安装北斗高精度地灾监测预警系统监测点，保障了项目建设和后期运营安全管理。

2）工艺创新

（1）解决大型枢纽互通施工安全难题。雅康高速公路对岩枢纽互通是由上下4层、8条匝道、8万m³混凝土、长5km的桥梁组成的互通，为四川省在建的最大规模枢纽互通；施工过程中，工程量集中，多次跨越运营高速公路、国道，安全风险极大。雅康公司联合施工、监理、设计等单位超前谋划，反复论证、优化施工组织方案，完善大跨径钢箱梁(65m、600t)顶推跨越运营高速公路的施工工艺和安全措施以及应急预案，安全优质完

成大型枢纽互通施工安全难题。

（2）解决桥隧混凝土施工工艺难题。雅康公司成功研制了隧道整体式双侧壁电缆沟移动式模架、隧道施工用移动式发电机组、自行式液压防护棚架等新设备；采取了水压爆破、巷道式通风+射流式水幕降尘、结构物二维码实名制、智能架桥机、桥梁混凝土护栏和桥面铺装施工工艺指南等新技术、新工艺。取得国家实用新型专利6项、工法2个。

3）组织创新

（1）"四个全面"机制解决招标推进难题。通过全面履行报审程序、全面开展电子化招标、全面进入省政府公共资源交易中心和全面实现两随机三分离，确保了工程招标合法加快推进，在满足工程加快建设需要的同时有效节约了造价。

（2）"四个同步"方式解决地灾整治施工组织难题。李子坪隧道出现地质病害、大仁烟大桥红线外高位滑坡后，恢复重建任务异常繁重。建设者成立技术攻关组，现场研究、现场决策、动态设计、信息化施工；桥与边坡、桥梁上下、桥梁左右嫩柱、边坡上中下部同步施工，确保了安全、质量、进度同步推进。

（3）"四个集中"机制解决工程建设专业推进难题。即混凝土集中生产、材料集中堆放、钢筋集中加工、梁板集中预制，确保工程建设质量源头和过程受控。

（4）"四专"工作机制解决工程建设安全推进难题。"四专"工作机制即专业监控、专题会议、专家咨询和专项费用，确保重大桥隧工程建设安全推进。

4）管理创新

（1）四张表格机制解决建设进度动态受控难题。坚持"同步安排、并联推进、交叉作业、无缝衔接"的工作思路，加强项目建设进度管理。推广"四张表格"，即年度计划表、每月工作要点表、每日完成统计表和上月工作要点完成统计表，确保工程建设进度动态受控。

（2）信息化监控解决路面工程质量与进度关系难题。2017年下半年，沿线砂石料场纷纷关闭，造成路面工程停工3个月。为加快解决路面工程质量问题，研发了雅康高速公路路面工程质量实时监控系统，保证了实时监控沥青混合料及混合料级配稳定、用油量足够，确保了源头质量；对沥青混凝土前场摊铺、碾压的温度和速度实现定量信息化管控，定期现场检查咨询，有效保证了过程施工质量。

2.5.3 坚持"四个强化"，加强生态工程建设

（1）强化学习培训，解决环水保意识不足难题。多次组织参建人员学习环水保法律法规，邀请专家讲座进一步提高环水保意识、牢固树立绿色发展理念。切实加强日常环

水保巡查工作（图2-5）。发现问题及时按"三定"原则进行整改，同时严格执行追责问责制度。

（2）强化施工举措，解决工程建设环境保护难题（图2-6）。二郎山隧道在国内首次完全实现斜井洞内反打，减少约43万m²的地表及植被破坏，有效保护了二郎山大熊猫保护区的生态环境。全面实施绿化工程，所有上下边坡、互通立交、弃渣场均实施生态恢复。在声环境敏感点和水环境敏感点分别设置了声屏障和雨污收集系统。

图 2-5　雅康公司检查项目环水保整改落实和汛期安全生产情况　　图 2-6　雅康公司专题督导沿线绿化美化亮化工作

（3）强化绿色循环理念，解决弃渣难题。省内首次设计喇叭河互通综合体（图2-7），变废为宝，能消化附近6个隧道的弃渣100万m³，既有效解决了弃渣难题，又节约了弃渣占地、提升了服务功能；公路为生态让路，周公山特长隧道出口涉及森林植被保护，实施改线，延长隧道600m，减少植被影响8.6万m²，减少占地130亩[1]。

图 2-7　喇叭河隧道群（紫石隧道）

---

[1]　1 亩 ≈ 666.67m²。

（4）强化节点景观打造，解决公路文化传承难题。建设者结合民族特色、地域文化特点和交通旅游要求，提出了"茶马古道、熊猫家园、红色泸定、康定情歌"公路文化主题，对梁护栏、路侧挡墙等隧道洞门建筑、进出口光棚、特大桥结构物赋予企业文化元素和地域文化元素，在全线互通立交、隧道进出口等位置设置雕塑小品19处（图2-8），设立川藏公路馆（图2-9），不仅满足了安全使用功能，还拓展了景观功能，传承悠久历史、灿烂文化，弘扬"两路"精神。

图 2-8　天全隧道口的熊猫雕塑

图 2-9　蜀道集团川藏公路馆在雅康高速公路天全大熊猫主题文化服务区正式揭牌开馆

2.5.4　坚持"四个会议"，加强和谐工程建设

雅康高速公路途经雅安芦山"4·20"地震灾区和甘孜藏族自治州，征地拆迁和施工协调工作量大、通道水系错综复杂，矛盾非常尖锐。因此，建设者加大征地拆迁协调力度，坚持四个会议工作机制。

（1）联席会议（图2-10）。联席会议的目的是解决工程进度计划和征拆进度计划的匹配问题，重点让施工单位和地方政府面对面商量两计划的结合问题，只有结合好了，工程进度计划才是可行的计划。

图 2-10　天全代表处召开工作联席会

（2）现场办公会（图2-11）。现场办公会的目的是推动地方党委政府现场办公、解决实际问题，加快推进征地拆迁工作，确保工程及时开工建设；甘孜藏族自治州还采用州、县两级各部门联合执法以及警务室进项目部等创新方法，为工程建设提供良好的环境保障。

图 2-11　雅康公司与泸定县政府组织召开现场办公会

（3）专题协调会。专题协调会的目的是解决征拆中的重大问题，突破影响工程建设的重要节点；集团领导与沿线市、州领导共召开专题协调会12次。

（4）设计回访会（图2-12）。设计回访会的目的是解决好地方党委政府和沿线群众的合理诉求、解决好通道水系等线外工程和公路文化、和谐工程等相关问题。

图 2-12　雅康公司组织召开雅泸段机电、交安设计回访会

2.5.5　坚持"四个活动"，加强廉洁工程建设

雅康公司持续开展党建"1234工程"、"奋战川藏天路、建功雪域高原"劳动竞赛、效能监察、跟踪审计等"四个会议"举措（图2-13、图2-14），确保了党建和党风廉政建设同步推进。累计开展项目党建"1234工程"活动20次，专项劳动竞赛考评10次、兑现奖励金900万元，效能监察6次，全过程跟踪审计4个阶段。劳动竞赛考核中设置专项指标，督促参建单位强化混凝土护栏、波形护栏、路面标线等的线性管控；对重要的桥隧挡墙外观进行认真施工，对沥青混凝土路面平整度提出内控高要求，让工程本身具有自然美。

图 2-13　雅康公司召开 2019 年党建群团暨纪检监察工作会

图 2-14 "奋战川藏天路、建功雪域高原"劳动竞赛

通过"四个会议"工作机制的运行,雅康高速公路环境保障工作实现了"四个迅速":征拆迅速完成,迅速开工进行工程建设,迅速解决施工协调问题,迅速解决群众合理诉求,和谐工程成效显著。

通过在雅康高速公路项目中开展,逐渐在工程建设全线形成了廉洁从业、"有为才有位、凡事重落实"的工作理念,建设行为进一步规范,荣获国家级、省部级五一劳动奖状奖牌13项。

第3章
设计管理

3.1 理念与原则

3.1.1 设计理念

雅康公司在建设过程中，一直秉持"技术创新、灵活设计、精细创作、优质服务"的勘察设计理念，开拓勘察设计思路，创新勘察设计理念，向社会、行业提供优质的勘察设计产品，为项目建设开好篇，谋好局，服好务。

通过设计方法及技术的创新，攻克公路抗灾、抗震、抗冰冻、长大下坡运行安全、工程造价控制等突出问题，以及不良地质处治、生态环境保护、高墩大跨径桥梁和超长特长隧道设计等一系列复杂技术难题，不但要针对项目特殊性研发新技术，更重要的是推广应用新结构、新设备、新材料及新工艺，提高高速公路建设的技术含量。

通过树立灵活设计理念，充分结合沿线自然地理条件、社会经济环境特点，科学确定公路走廊、建设标准，合理布设路线、公路结构及设施，灵活采用技术指标、结构及设施形式，综合解决安全、环保、便捷、经济各方面问题，达到系统的整体协调，创建与沿线环境共同持续发展的和谐公路。

通过精细来保证雅康高速公路的建设质量，建设精品工程，保证百年大计。精细化勘察设计是打造精品工程的根本保障，要树立精细创作的理念，把设计产品当作设计作品，变设计工作为设计创作，加强总体设计，夯实基础资料，强化过程管理，用心测设，精心创作，设计出有特点、有风格的高质量精品，提升公路的整体质量。

公路勘察设计作为特殊的技术服务，应树立优质服务的理念，以肩负社会责任和历史使命的服务精神，描绘出安全抗灾、环保和谐、经济节约、便捷舒适的公路，为国家经济建设服好务；以客观科学、求真务实的服务态度，设计出符合实际、经济合理的建设标准、方案和规模，为政府及行业决策当好技术参谋；以勘察重翔实、设计重合适、实施重及时的服务作风，创作出高水平、高品质的图纸作品，积极主动配合建设的后续服务，为雅康高速公路的顺利实施和高效建设把好关、站好岗。

3.1.2　设计原则

雅康高速公路作为重要的通向藏族人民聚居地的国防线、生命线工程，在促和谐、保稳定、服务社会经济发展方面具有重要作用。项目区地理条件、环境条件特殊，设计、建设技术难度大，要充分认识其"高山、高原、高速"三高特性；面对极其复杂的地形条件、极其复杂的地质条件、极其复杂的气候条件、极其复杂的生态条件、极其复杂的工程技术难题，解决好"安全、生态、经济、便捷"四大问题。雅康高速公路项目建设应坚持并实现"安全、环保、协调、经济、利实施和易维护"的五项基本设计原则。

将公路抗灾及运行安全作为设计的首要目标，采取一切行之有效的方法和措施，提高公路抗灾能力，保障车辆安全运行，确保结构物稳定可靠，着力解决自然、地质灾害的防灾避灾、结构物的抗震减灾、长大连续下坡、长大隧道的运行安全等突出问题和技术难题，建立健全公路灾害应急救援体系。

在设计过程中，雅康公司始终坚持"环保与节能原则"，应用系统工程理论，对总体和路线设计、路基边坡和绿化设计、结构和构造物工程设计等分层次采取措施，最大程度地保护环境，尽可能地恢复自然，并采取行之有效的环保措施，保护沿线生态环境；协调沿线自然保护区、风景名胜区、城镇规划及其他重要设施，达到公路自身环境景观与沿线自然、社会环境系统充分协调的目的；提倡节约能源，对隧道机电、管养设施推广应用节能新技术，达到节能环保的目的。

"整体协调原则"是确保技术标准与路线线形之间、路线平纵面指标之间、路线及公路结构物之间、结构构造物之间、主体工程与交通工程之间的相互协调，注重设计与施工组织、运营维护管理、灾害应急救援体系之间的相互配合，做好施工便道、用电的永临结合设计，达到公路建、管、养整体协调的目的。

"经济节省原则"是在保障功能完善及安全抗灾的前提下，合理利用公路走廊资源，充分考虑技术经济的合理性，对技术标准、路线方案、设计方案、结构形式、施工方案、设备选型、分期实施方案等进行多层次综合比选，大力推广"四新"技术，尽可能减小规模、降低造价、节约用地，达到节省公路建设投资、养护管理及社会运输成本的目的。

"利实施和易维护原则"是指设计方案选择不仅要技术可行、经济合理，还要利于施工，完善和细化相关施工方案、措施和工艺设计，尽可能减小施工难度，提高施工功效；还要易于管理养护，制定检修、维护方案和相关预案，配套完善相关管养设施。

3.2 设计管理

3.2.1 设计质量审查

为了达到所建工程质量安全可靠、方案设计技术上可行、项目造价经济合理、项目建筑美观适用的工程勘测设计的总体目标，雅康公司对勘测设计的全过程尤其是对勘测设计单位提供的设计半成品、设计成品进行严格审查；从功能性、安全性、经济性、可能性、可行性等多角度对设计质量进行把关。

设计质量审查的重点是从设计效果的角度对勘测设计文件进行审查分析。雅康公司从设计方案的合理性、工程系统设计的协调性、各分部分项设计工程的完整性等方面对设计质量进行审查。

（1）总体设计方案审查的重点。项目批准文件、相关法律法规、公路设计标准、设计施工规范规程是否正确、准确；总体方案是否符合项目建议书的要求、规定，是否完全执行落实了可行性报告审查批复意见；总体方案与实际情况是否相符，与自然景观是否协调，与水文地质、地形地貌条件是否吻合；总体方案是否充分体现了项目的经济效益和项目的社会效益。

（2）地质勘探资料审查的重点。地质勘探所反映的地质数据资料是否真实；资料的计算、整理是否正确；勘探深度能否满足工程设计的需要。

（3）初步设计审查的重点。审查初步设计内容是否全面，能否满足招标需要，各部设计方案是否与总体方案一致，概算编制是否正确。

（4）施工图审查的重点。审查施工图能否满足施工要求，工程结构施工图设计各部尺寸的标注是否完备、正确，施工预算是否正确。

　　雅康高速公路项目的勘测设计是分步骤、分阶段进行的，设计质量的审查也分段把关。对于勘探与测量工作，分外业钻探取样与测量收集资料阶段、内业资料计算阶段、资料成果整理阶段。雅康公司详细了解各阶段的工作内容，进行跟踪把关。对于图纸设计工作，一般可以分为方案拟定阶段、方案草图阶段、设计校核阶段、成图阶段、工程量计算阶段。雅康公司同样分段把关，分步骤进行质量控制。对于概预算工作，可以分为工程量校核阶段、运用概预算计算办法进行分项工程概预算阶段、资料汇总阶段。雅康公司对每个阶段的计算过程层层控制，做到步步跟踪。

　　由于设计单位对于项目投资多少不关心，而偏重从安全角度考虑问题，因此，往往采用保守设计。雅康公司在进行设计质量审查时采用多方案优化比较法，提出不同的比较方案，进行经济、技术比较。特别是在水文地质、地形地貌复杂的条件下，设计方案更应该采用优化比选。如路线设计方案中，地形条件复杂时，是否可以考虑采用分离式线形方案，路线通过湖沼河滩地区的高填路堤是否可以考虑采用高架桥通过等。

　　审查设计质量最好应对设计成果采用分层次、分级会审。所谓分层次分级会审，就是随设计进度进行层层会审。当设计进展到某一步时，就可以考虑对已完成的设计半成品进行初步会审，会审通过后设计单位继续延伸设计，设计深入到某一步时再审一次，到设计全部完成之后，最后总会审一次。这种分层次分级会审方法，既可以让雅康公司随时掌握设计进度，又可以避免一次性会审工作量复杂繁多的弊端。更值得指出的是，分层次、分级审查还可以为设计单位减少很多不必要的返工工作量。分层次审查，审查出需要返工重作时，返工量不会很大。如果是采取一次性会审，当审查出某些分部、分项工程需要返工重做时，有时需要从头返起，造成浪费。

　　专家会审定案也是控制设计质量的一种有效方法。对于一些大型的、技术复杂的高速公路项目，设计单位往往会因为抢设计进度，忽略了某些关键性设计，需要请专家会审把关。

　　仔细审查设计质量，是使设计完全满足建设工程"结构质量安全可靠、方案设计技术可行、项目造价经济合理、工程建筑美观适用"的必不可少的手段。审查的最后一道程序是使用反证法。反证法的具体做法是：如果采用已经确定的设计成果，项目施工技术可行性、安全性会怎样？项目使用运营的适用性、安全性会怎样？如果采用另外的设计方案，项目施工技术可行性、安全性会怎样？项目使用运营的适用性、安全性会有怎样的变化？通过正反两个方面的比较，证明设计成果是否合理。

3.2.2 设计后续服务

为配合雅康高速公路项目的施工、做好雅康高速公路的后续服务工作，雅康公司要求设计单位成立设计后续服务组，根据雅康公司有关规定，本着坚持科学、合理、实事求是的原则，以提高设计质量、节省建设资金、综合利用资源和便于运营养护为目标，以有利于确保项目质量、安全、提高功效和完善使用功能，以满足国家有关公路工程强制性标准及技术规范、符合环境保护和水土保持的要求开展后续服务工作（图3-1）。后续服务工作从本项目实施开始起至竣工验收及建设审计结束止，包括技术交底、现场服务、设计变更、设计回访（图3-2）、设计总结及设计执行报告等。

图 3-1　雅康公司召开加强 A8 合同段设计后期服务工作会

图 3-2　四川省交通运输厅公路设计院回访雅康高速公路

设计代表进入工地前，项目负责人应将项目上有关问题向设计代表交代，安排并督促设计代表熟悉设计文件，分析设计遗留问题，研究应对处理预案。设计代表进场前应准备好需要的图纸，如电子版文件、计算说明书、技术参考资料等。雅康公司组织的技术交底，由项目负责人负责组织各专业组长参加，并编制技术交底材料，技术交底材料编制好后报分院安全质量部审查、备案。参加技术交底人员应对会议现场提出的质疑作出解释和处理，并形成书面答复意见，报安全质量部备案。施工过程中设计代表应就施工特别注意事项在各分项工程开始前向施工单位交代，并将交代情况在日志中记录下来。

在后续服务期间，雅康公司要求后续服务组人员始终以高度负责的态度要求自己，严格遵守党和国家有关工程建设和廉政建设的法律法规及交通运输部的相关规定，以保证项目顺利完工为最终目标，始终和参建单位战斗在工程第一线，认真履职，坚持实事求是、动态设计，全力配合雅康公司做好后期设计服务工作；持续加强技术总结，抓好产、学、研结合，从施工的角度反思设计，全力以赴做好技术支撑。后续服务组人员以不耽误施工工期为总体目标，及时处理变更设计，保质保量完成相关变更设计图。

3.2.3　设计变更管理

雅康公司严格审查，动态控制，确保项目变更管理整体受控。

一是制定管理办法，确保变更体系健全。

根据《公路工程设计变更管理办法》（交通部令2005年第5号）、《四川省高速公路建设项目设计变更管理办法》（川交发〔2013〕111号）、《四川省交通投资集团建设项目设计变更管理办法（试行）》（川交投发〔2014〕30号）、《四川藏区高速公路有限责任公司建设项目设计变更管理实施办法（试行）》（川藏高发〔2014〕36号）及合同文件的有关规定，结合本项目实际情况，制定了《雅安至康定高速公路项目设计变更管理实施细则（试行）》（雅康路发〔2015〕48号），明确变更类别及变更流程。

二是加强业务培训，确保变更程序合理、过程合规。

组织全线各参建单位、各业主代表及相关人员多次针对变更管理办法进行培训，强调变更办理的时效及流程。设计变更严格四方现场会审制度和设计变更管理的有关规定，按变更立项、变更令申请及审核、变更令签发三阶段程序办理。变更办理中要求各级人员加强变更资料审查，严格办理程序，并多次组织各总监办进行变更集中办理，确保资金得以正常运转。同时加强变更台账管理，并多次组织对各单位变更台账检查，确保变更统计无误并及时办理。

三是加强较大变更设计办理，确保变更及时、有效。

及时处理瓦斯隧道、滑坡、大型借方等较大变更设计，排出时间表、限期完成相应咨询、地勘、设计、评审、上报等程序，并及时组织现场施工。

四是加强设计后期服务管理，确保工程规模整体受控。

严格要求设计单位履职尽责，确保现场设计服务质量，设计代表组及时处理解决现场技术问题，确保加快建设、动态设计的工作要求落实到位。增强与参建各方的技术讨论，合理确定技术方案，确保工程建设规模整体可控。

本项目在施工的全过程中，变更管理严格按照《中华人民共和国公路法》《建设工程质量管理条例》《建设工程勘察设计管理条例》《公路工程变更设计管理办法》《四川省高速公路建设项目设计变更管理办法》《雅安至康定高速公路公司变更设计管理办法》的规定。在工程后期服务过程中，设计代表组密切配合雅康公司、监理、施工单位及时处理施工中出现的各类工程问题，重大、较大变更设计均会同相关专业技术人员到现场进行实地核对、测量，并提出处理方案报总工办审核；一般方案变动，则与雅康公司、监理及施工单位一起进行现场会审，现场确定实施方案。在服务过程中始终坚持"以工程为中心，为工程服务"的信条，尽最大能力满足工程需要，弥补设计文件的不足，为项目的顺利实施提供强有力的技术保障。

不良地质病害、实施标准的变化等诸多因素引起建设过程中的部分项目变更。为了把本项目建设成为质量好、投资少、工期短、功能齐的精品工程，设计单位在该项目的后期服务过程中，与建设单位、监理单位、施工单位密切配合，本着合情、合理、合法的原则认真对待工程变更及修改设计，及时作出变更和修改设计图表，从而确保了工程的建设质量和进度。

雅康高速公路项目实施过程中共发生8871项变更，其中一般设计变更由雅康公司批复8788项，藏高公司批复37项，蜀道集团批复20项；较大设计变更由四川省交通运输厅批复26项。

3.3 设计亮点

雅康公司围绕解决雅康高速公路项目关键技术难题，拟定了"专题论证与专题研究、科技成果应用与示范、科研攻关"三个层次开展技术攻关工作，按照"规划云端天路、二郎隧穿屏障、泸定大渡河大桥跨天堑、安全环保节能"的目标要求，成功解决了项目安全、抗灾、环保、便捷、经济等一系列复杂技术，由此成为"复杂艰险山区高速公路建设典范"。

3.3.1 穷尽总体方案，规划云端高速公路

雅康高速公路穿越二郎山、大渡河、贡嘎山高山峡谷、世界自然遗产四川大熊猫栖

息地，位于四川Y形断裂结构的交汇部，跨越大渡河，短距离内海拔急剧抬升至冬季积雪结冰区，处于高烈度地震区，地形多变，地质结构复杂，不良地质及灾害突出，通过对二郎山高低隧址、大渡河高低桥位、泸定—康定段高低线位等方案的综合研究和比选，合理解决了该路段公路防灾避灾、大熊猫栖息地环境保护、长大连续下坡行车安全、工程经济性、运输便捷性等一系列全局性重大技术问题。与低隧址相比，高隧址可缩短越岭隧道长度，但随着线路向上游延伸，海拔增高，沟谷逐渐狭窄，比降增大，地形更加复杂，地质灾害和自然灾害更加严重。二郎山隧道平面图及纵断面图如图3-3所示。针对雅康高速公路复杂的建设条件及敏感的大熊猫栖息地环境，降低二郎山隧道高程，以二郎山隧道直捷下穿大熊猫栖息地保护区，隧址以东沿新沟及支沟直捷上至隧道进口，缩短长大连续纵坡长度，绕避新沟上游段复杂的地形、地质及气候条件。隧址以西顺大渡河左岸上至大渡河桥位，绕避泸定县城。二郎山隧道长13459m，三区段纵向通风方式，斜井有轨运输施工。合理提高大渡河大桥桥位高程，大渡河大桥桥高291m，桥长1400m，采用主孔1100m悬索桥型，雅安岸隧道式锚碇，康定岸重力式锚碇。按平均纵坡布设长大连续纵坡段路线，以沿溪高线沿地形、地质条件相对较好的大渡河右岸提前升坡，合理迂回展线上至瓦斯沟，改善长大连续下坡行车安全性。瓦斯沟段顺右岸布设，不跨沟，连续升坡直捷地通过冰冻积雪区，减小冰雪对长大连续下坡行车安全的不利影响。二郎山至泸定特殊困难路段，通过综合比选论证，最终优选低隧址、高桥位和高线位方案，缩短里程19km。

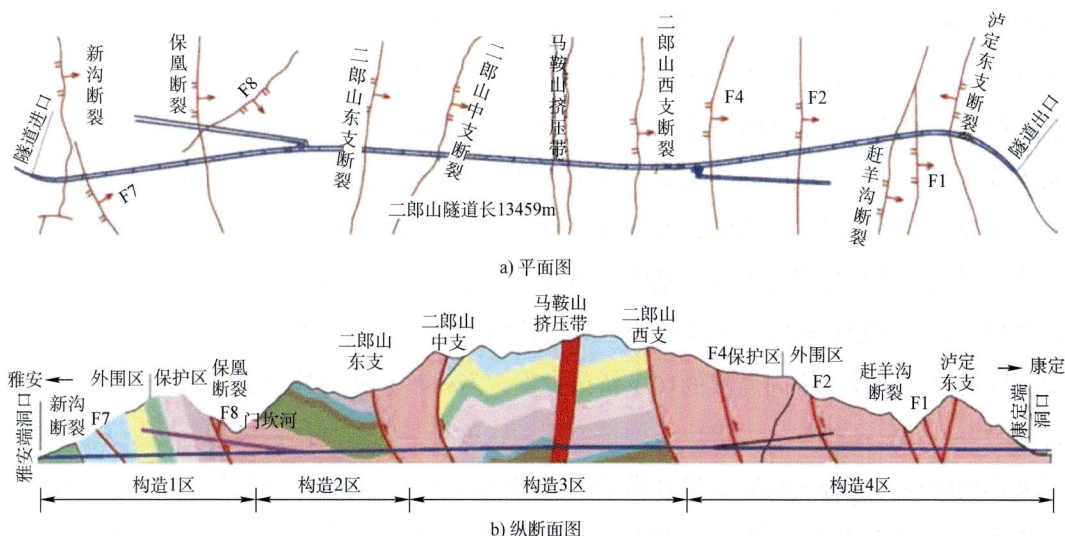

a) 平面图

b) 纵断面图

图 3-3　二郎山隧道平面图及纵断面图

结合大熊猫栖息地保护区环保和长大深埋隧道地质勘察的需要，运用基于构造损伤分区综合勘察技术，在保护区内长达 8.3km 段落无法实施钻孔的情况下，准确查明了隧道工程地质，最大程度地保护了保护区内的生态环境，解决了保护区内复杂艰险山区长大深埋公路隧道勘察技术难题。针对二郎山隧道深埋特长的特点，提出了基于构造损伤分区的勘察技术方法。根据隧道的构造特征，将隧道划分为 4 个构造分区（图 3-4），将深孔布设于各个构造分区的结合部位，全隧道共布设深孔 4 个，孔深共计 1536.5m，达到了对隧道构造格架的有效控制和验证。以此为基础的深孔方案布设，既满足二郎山森林公园和自然大熊猫栖息地保护区的环保要求，又能有效地控制和揭示隧址区的地质构造特征，提升了深孔利用效率和布设合理性，节约了勘察成本和工期。

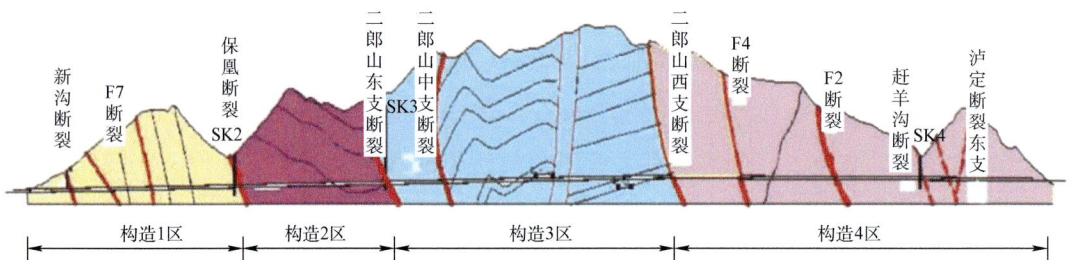

图 3-4　二郎山隧道构造分区

深化泸定大渡河大桥桥位比选，创新桥隧相接总体布局，将桥梁隧道式锚碇设置于分离式主线隧道之间，成功解决了桥梁锚碇、引桥引道与桥头隧道相互干扰的复杂空间关系难题，缩短悬索桥跨度100m。桥址位于鲜水河断裂带、龙门山断裂带、川滇南北断裂带三大断裂带的交汇区域，西距活动断裂带——鲜水河断裂带约22km，地震基本烈度为Ⅷ度，E2水准的地表峰值加速度为0.49g，居同类大桥之首，对工程抗震提出了极高要求。同时，桥址区位于高山峡谷区，桥面设计风速32.6m/s，具有风速高、湍流强、风攻角大等特点，加上干热河谷热力驱动效应，风场特别紊乱，风环境特别复杂，防风设计面临考验。大桥两岸边坡高陡，坡度超过35°，又是岩土二元结构，地震时边坡垮塌会形成碎屑流，尤其是强震条件下雅安岸边坡稳定性是一个非常突出的问题。为科学合理选择桥位，按照趋利避害、抗灾能力一票否决的原则，结合大渡河两岸地形、地质条件等实际情况共布设了不同高程的10个桥位方案，经过反复研究比选，推荐综合防灾减灾性能最好的咱里高桥位。为解决结构抗震问题，进行了大量的结构数值分析，专门开展了波形钢腹板与混凝土顶底板组合横梁的抗震试验研究，对数值分析加以验证。为解决地质和边坡稳定问题，开展了详细的地质勘察，同步进行了大量现场测试和试验研究工作，比如现场大剪试验、冰碛土层接触面原位直剪试验、压缩及剪切蠕变试验、1∶10隧道式锚碇模拟试验等，仅地质钻孔长度就超过大桥总长的两倍。为掌握风场规律，在现场建立了声雷达风廓线仪观测站和四要素自动气象站，获取现场风场资料，开展了地形CFD（计算流体动力学）分析、地形模型风洞试验、主梁节段模型风洞试验及气动优化等系列研究。

3.3.2　攻克隧道"四高"难题，成功穿越二郎山屏障

二郎山隧道创新安全设计，提升运营安全水平。首次采用超预期抗震设计理念与方法，充分考虑地震风险，活动断裂段隧道断面加大40cm，为震后加固预留空间，实现"快速抢通、快速加固"目标。首次设置两处多功能交通转换带和LED动态视觉系统打造，实现了超特长隧道洞内快速交通转换及长隧短运，提高隧道防灾救援能力，有效舒缓行车心理压力，降低行车安全风险。首次在斜井内设置高位自流水消防水池，提高了消防可靠性并节约了能源。将隧道抗震设防划分为洞口段、软硬岩交界段及断层破碎带段，根据区段地震响应特点进行针对性抗震设防。隧道扩大抗震断面如图3-5所示。

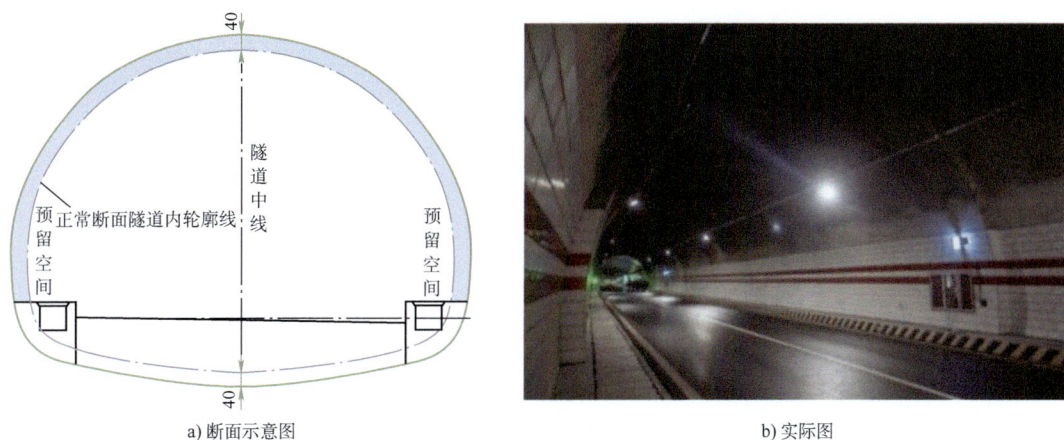

a) 断面示意图　　　　　　　　　　　　　　　b) 实际图

图 3-5　隧道扩大抗震断面图（尺寸单位：cm）

二郎山隧道创新绿色节能设计，实现人与自然和谐发展。创立了基于构造损伤分区的自然保护区内综合勘察技术，在保护区内长达8.3km段无法布设钻孔的情况下，准确查明了隧道工程地质。首次采用斜井全程反打技术（图3-6），避免在大熊猫外围保护区修建临时便道工程，实现对保护区的"零影响"。首次利用斜井高差引水发电，年发电400万kW·h，解决了本隧道照明用电难题。充分利用隧道两端气候现象不同形成的气压差设置自然风道，辅助通风节能约15%。首次在隧道斜井内设置高位自流水消防水池，解决了传统洞外高位消防水池施工困难、冬季结冰可靠性差、养护难度大、需要大量抽水设备等技术难题，利用施工期左右斜井之间的救援横通道作为消防水池，提高了消防可靠性，同时实现了节约能源的效果。消防水池如图3-7所示。

a)

b)

图 3-6　斜井全程反打出洞

图 3-7　消防水池示意图

3.3.3　攻克桥梁"抗震、抗风"难题，泸定大渡河大桥跨越大渡河天堑

泸定大渡河大桥工程场地位于四川省西部，主要受龙门山断裂带、鲜水河断裂带和安宁河断裂带 3 个主要断裂带影响。龙门山断裂带是四川强烈的地震带之一，其具有显著的右旋走滑运动特征和由北西向南东的冲断效应，发生过"5·12"汶川大地震。鲜水河断裂带与安宁河断裂带均是全新世活动断裂带，其左旋走滑特征非常显著。首创3种桥

图 3-8　泸定大渡河大桥架设桥梁缆索

梁抗减震结构:发明波形钢腹板组合横梁和铰接式耗能型中央扣，两种技术共同运用，减小桥塔横、纵向地震响应20%以上，破解了高烈度地震区千米级悬索桥使用钢筋混凝土桥塔的难题（图3-8）；采用人字形支挡抗滑桩分流措施，确保强震下高陡边坡产生的碎屑流不会危害大桥。

大渡河峡谷有典型的峡谷风场，与沿海地区平吹的风不同，其风场紊乱，瞬间风速

能达到32.6m/s，相当于12级大风。风从桥下往上斜着吹，风攻角很大，且不像海边的季风，这里一年四季都有大风。面对"百年工程"的建设目标，设计人员为防止桥梁颤振测试了几十种措施，最后组合应用气动措施、结构措施和机械措施以及防风预警，保障结构抗风稳定性和车辆行驶的安全舒适。泸定大渡河大桥气动优化过程中采用了部分封闭中央开槽，并在桥面板中央上、下侧设置稳定板（图3-9）。同时，设计人员还在侧向风较大的区域防撞护栏上方设置了防风屏障，兼顾了桥上行车的安全性和舒适性。不同于一般的悬索桥，该桥首次采用了铰接式耗能型中央扣，限制主梁和主缆纵向错位，提高结构的扭转刚度，从而提高桥梁抗颤振性能，达到抗风目的。不仅如此，防屈曲支撑的中央扣还能在强烈地震中首先"屈服"，杆件退出工作，减少反作用力，保护主梁不被地震破坏。此外，在桥梁上安装辅助装置增大结构阻尼，或在结构上附加一定质量的重物来提高结构的气动稳定性，从而降低风振响应。泸定大渡河大桥在主梁两端各安置了两个黏滞阻尼器，当油通过节流孔时产生节流阻力，等于给桥梁装上了"安全气囊"。

图 3-9　泸定大渡河大桥设计中采用气动优化

通过综合抗风措施，提升了泸定大渡河大桥的抗风稳定性。数据显示，常规风攻角作用下大于90m/s的风速才可能引起该桥的颤振。目前看来，桥址风速达不到其颤振临界值。

3.3.4　与旅游生态环保深度融合，特色资源融合

深化环保理念，在二郎山隧道进口和出口端分别创新设计新沟、泸定互通填方综合

体，解决隧道338万m³洞渣弃渣难题，实现超特长隧道"零弃方"，同时解决了多种服务管理设施场坪需要的巨大难题。隧道洞渣全部进行了综合利用，未设置专用永久性弃土场，实现了隧道"零弃方"的绿色建造技术，节约了土地资源。结合洞外地形、地质、环境条件，充分利用隧道两端新沟互通综合体（图3-10）、泸定互通综合体（图3-11）结构物布设，合理采用高填路基和场坪，大量消化隧道洞渣。其中新沟互通消化弃渣约135万m³、泸定互通消化弃渣约150万m³；岩浆岩洞渣作为机制砂、碎石的母材，变废为宝，用于路基及隧道低强度混凝土母材约53万m³。

图 3-10　新沟互通

图 3-11　泸定互通

依托泸定大渡河大桥、二郎山隧道等标志性工程，创新设置川藏公路展览馆（图3-12）、雅康高速公路建设体验馆（图3-13）及特色风景观景台等，既传承红色文化、弘扬"两路"精神，又深入"中国人的景观大道"旅游，实现了交通与旅游、生态、环保的深度融合。

图 3-12　川藏公路展览馆

图 3-13　雅康高速公路建设体验馆

贯彻"最小的破坏就是最大的保护"理念，创新生态修复技术。

路面施工采用温拌技术（图3-14），改善路面施工环境，减少对环境的污染。表面层采用抗滑、降噪、耐久的高性能SMA（沥青玛琋脂碎石混合料），改善行车舒适性，全面提升驾乘体验。特长隧道铺装全部采用复合式沥青路面，显著提高行车安全性。

图3-14　泸定河大桥油面铺筑工程

第4章
前期工作与要素保障

4.1 前期工作

高速公路建设工程前期工作是实行项目管理的重点组成部分，不但涉及专项评估多，而且过程烦琐、工作周期长、强度大，各个审批专项之间也会存在一些相互交叉、彼此互为前置的具体情况。因涉及的审批单位数量多、相关部门人员多，需要对各单位之间进行长期性、经常性不同层次的沟通协调，需要全面掌握前期审批工作的具体相关内容，并给予足够的认识和重视，预见并及时处理可能发生的矛盾或者出现的问题，统筹协调各个报告的编制单位，使资料及结论资源共享，确保成果结论一致，以保障高速公路建设工程有序推进。

雅康高速公路前期工作包括工可审批、专项评价两个方面。工可审批指工程可行性研究报告审批，专项评价包括环保评价在内的十个专项内容。

4.1.1 工可审批

在前期工作中，工程可行性研究是重中之重，是核心。由于每个项目的建设标准及规模不同，要结合项目的建设特点，合理运用各项新科技、新技术，对不断收集的大量信息统一进行高效处理，并结合当地居民的诉求及地区交通经济，提前预判建设中可能

出现的各种问题，制定科学的实施计划及合理的可行性方案，不断提升各项估算数据的准确性，有效减少资金的浪费，提升工程建设项目方案的实施率，确保工程项目决策工作得以顺利开展，施工方案得到更好的实施，制定更加合理的工程可行性研究报告。

1）雅康高速公路工可审批历程

雅康高速公路工程可行性研究从2009年4月开始，一直到2014年1月29日国家发展和改革委员会批准，共历时58个月。

2009年4月，四川省交通运输厅下达了《四川省交通厅关于委托开展雅安至康定、汶川至马尔康高速公路方案研究、工程可行性研究及监理咨询工作的通知》（川交函〔2009〕289号）。

2013年8月1—2日，四川省发展和改革委员会报送《关于报送雅安至康定高速公路工程可行性研究报告的请示》（川发改〔2013〕319号）及其附件《雅安至康定高速公路工程可行性研究报告》。受交通运输部委托，交通运输部规划研究院组织召开了雅安至康定高速公路工程可行性研究报告评审会。

2013年9月5—6日，受国家发展和改革委员会委托，中国国际工程咨询公司组织召开了雅安至康定高速公路可行性研究报告咨询评估会。

2013年9月29日，交通运输部下发了《关于雅安至康定公路可行性研究报告的审查意见》（交函规划〔2013〕257号）。

2014年1月29日，国家发展和改革委员会以发改基础〔2014〕230号文件对四川省雅安至康定高速公路可行性研究报告进行了批复，要求在项目建设期间加强管理，落实征地征拆相应政策，合理掌握建设工期，确保工程质量，严格控制项目总投资。

2）雅康高速公路工可管理要点

（1）路线走廊带方案论证。项目可行性研究报告中，路线方案充分结合区域生产力布局和交通规划、公路发展规划、城镇布局与规划、经济发展规划等，路线的走向、主要控制点与已批复的规划基本相符。可行性研究方案比选综合考虑地形地质、水文、工程量、征拆、环境、压矿、基本农田等因素，进行充分论证。生态选线、地质选线是可行性研究阶段应遵循的原则，雅康高速公路沿线地质条件复杂，有必要进行地质调勘工作，特别是对山区高速公路、高墩大跨径桥梁和长大隧道等重大结构物的地质情况进行勘察，为设计方案提供依据，为路线走向、桥位、隧址的选择提供指导，避免工程方案盲目设立。

（2）"三区三线"控制。"三区三线"是根据城镇空间、农业空间、生态空间三种类型的空间，分别对应划定的城镇开发边界、永久基本农田保护红线、生态保护红线三条控制线。根据生态保护、耕地和林地保护、耕地占补、基本农田占用等相关现行国家政策要求，用地手续办理已成为影响项目推进的重大因素，走廊带的选择必须节约用地和保护环境。在环境敏感点方面，要加强对公路沿线的环境敏感点资料的收集，并在研究过程中保持与环境影响评价编制单位的沟通，重点研究涉及环境敏感点路段的方案比选。原则上，路线方案均应避让环境敏感点，避免影响项目批复，以及后续施工困难、排水受限，大幅增加环保投资，甚至影响社会、环境可持续发展。

（3）投资估算控制。投资估算金额编制过高，有可能会造成业主单位项目资金时间价值的浪费和融资压力加大；但如果估算金额编制过低，业主单位项目资金可能出现准备不足的情况，很大可能会造成工程因资金准备不足而出现随时停工的危险。所以，估算金额需要尽量准确，要全面考虑建设、运营、养护、管理等综合费用，尽量避免与实际资金产生较大出入。

（4）工可研究与专项评价的沟通协调。在前期工作中，可行性研究报告编制与用地预审等专项评估是互相制约、相辅相成的关系。专项评估以可行性研究报告方案为基础，但专项评估无法通过，又可以否决可行性研究方案。因此，加强前期工作中各编制单位的沟通、协调相当重要。合同中要明确可行性研究报告编制单位配合其他评估单位开展工作并及时提供相关资料的条款。同时，线路涉及沿线的水源问题、压矿问题等，也不能一味采取避绕方案，而应在细致的调查下，结合经济合理分析，通过沟通协调和相关技术措施解决。

4.1.2　专项评价

专项评价指按相关规定须逐项完成的行政许可或专项研究论证手续，主要包括环境影响评价、水土保持分析、地质灾害危险性分析、地震安全性评价、压覆矿产等。

1）环境影响评价

雅康公司组织完成建设项目的环境影响评估报告，对建设项目产生的环境污染和环境破坏影响的可能性程度作出评估，经四川省环境保护厅预审后，依照规定程序报环境保护部（现生态环境部）批准。

2）水土保持分析

雅康公司组织完成建设项目水土保持方案，水土流失防治全线执行建设类一级防治标准，主体工程区的各类工程具有水土保持功能的措施设计、对料场区、弃渣区等集中堆放采取植物措施适地绿化恢复植被等，由四川省水利厅初审后，依照规定程序报水利部批准。

3）地质灾害危险性分析

雅康公司组织对建设项目受地质灾害危害的可能性进行评估，提出防治处理措施，四川省国土资源厅对雅安至康定高速公路工程建设用地地质灾害危险性评估报告（一级评估）准予备案。

4）地震安全性评价

雅康公司组织完成地震安全性评价报告，报四川省地震局批复，同意报告中给出的工程场地50年超越概率10%的地震峰值加速度区划结果并供本项目工程设计使用。

5）压覆矿产

雅康公司组织完成项目压覆矿产资源情况报告，报四川省国土资源厅批复，雅康公司按照批复要求及时到采矿权原发证机关办理相关手续。

6）防洪

雅康公司组织完成高速公路建设项目防洪评价报告，报河道主管机关审查同意。

7）规划选址意见书

雅康公司向四川省住房和城乡建设厅申请办理建设项目选址意见书，四川省住房和城乡建设厅核发。

8）建设用地专项审批

雅康公司组织提出建设用地申请，经四川省国土资源厅预审后，依照规定程序报国土资源部（现生态环境部）批准。

9）社会稳定风险分析及评估

雅康公司组织完成项目社会稳定风险评估，报甘孜藏族自治州人民政府和雅安市人民政府出具相关意见。

10）建设项目施工许可审批

项目完成前期立项审批、初步设计、施工图设计审批后，雅康公司向四川省交通运输厅提出项目施工许可申请，经初步审查提出初审意见后，报交通运输部批复。

4.2 资金筹措

资金的筹措与管理是项目成本控制的重要基础，一方面要做好项目建设资金的筹措工作，拓宽融资渠道，创新融资手段；另一方面要强化对建设项目资金的监管，使之合理、安全、有效地使用。

雅康高速公路估算总投资为250亿元，初步设计概算为230亿元，施工图预算为189亿元；资金筹措按照项目建设总投资的20%采用国内银行贷款计算，贷款期为20年，其余项目建设总投资的80%为资本金（自筹）。

项目建设资金来源包括国家安排中央专项建设基金、四川省安排省级交通建设转向资金、四川省交通投资集团有限责任公司代表省级政府自有资金和国内银行贷款。

为进一步规范资金管理工作，雅康公司提出了资金管理7条具体要求：

（1）严格控制建设管理费的开支标准，力争控制在概算范围内；

（2）工程价款必须按照建设工程合同规定条款、实际完成的工程量及工程质量监理情况进行结算与支付，设备、材料价款必须按采购合同规定的条款支付；

（3）对设计变更的工程价款支付，必须按照交通运输部、四川省交通运输厅、上级管理单位以及公司制定的设计变更管理实施细则执行；

（4）预付款于工程建设、设备、材料采购合同中签订，并注明预付款的比例、支付方式、抵扣方式、违约责任等内容，严格按照合同条款执行；

（5）质量保证金按照规定的比例提留，在质量保证期满、经有关部门验收合格后，按合同规定的条款支付；

（6）民工工资保证金每期按比例扣留，按合同相关规定及时退还或用于代支付施工单位拖欠民工工资；

（7）凡存在下列情况之一的，不得支付建设资金：违反国家法律、法规和财经纪律的，不符合批准的建设内容的，不符合合同条款规定的，结算手续不完备、支付审批程序不规范的、不合理的负担和摊派。

4.3　征地拆迁

征地拆迁是指国家或项目业主基于社会公共利益的目的，依据法律程序，依法取得集体土地和国有土地所有权，并对其上的地面建筑物、构筑物、附作物以及各类杆、管、线和设施进行搬迁，按照有关法律法规和政策的规定，基于合理补偿的行为。

高速公路建设项目征地、拆迁与安置包括征用土地、拆迁房屋、水利设施、电力通信、树木和其他构筑物以及相关的安置工作。征迁安置工作是高速公路建设的前奏，是一项政策性强、涉及面广、不可预见因素多的综合性工作。

加强协调、稳妥推进，确保征地拆迁工作和谐推进。雅康高速公路项目沿线共涉及4个区（市、县），15个乡镇，52个村。雅康高速公路征地拆迁工作，线长、面广、难度大，集中反映在四方面：一是全线征地拆迁政策、标准参差不齐，安置方案不统一，民风民俗复杂；二是多处涉及二次搬迁，如水电移民搬迁等，搬迁、协调难度大；三是社保安置人数众多，成分复杂，各地社保安置政策标准不一，公司核实人员、兑付社保资金难度大；四是沿线拟拆迁杆管线、专项拆迁项目单位、权属人复杂，造价审查及资产评估工作量大，拆迁、协调难度大。

雅康公司始终坚持发展理念人本化，全线累计完成征地7700亩，拆迁房屋893户，及时支付征地拆迁款约16亿元，为沿线群众修建永临便道10条共计47km。在征地拆迁工作中采取以下主要举措。

（1）坚持"四个会议"机制，确保征拆工作有效推进。雅康高速公路参建各方实行联席会、专题会、现场办公会设计回访会"四个会议"机制（图4-1），加大协调力度，确保征拆工作和谐有效推进。现场办公会督查进度，加快开工；联席会议解决工程建设与征地拆迁进度协调问题；专题会解决征地拆迁重大问题；设计回访会解决工程建设与地方和谐问题。

图4-1　天全段征地拆迁工作推进协调会

（2）充分利用政策，确保征拆工作及时推进。因雅安市、甘孜藏族自治州泸定县、康定市分属芦山"4·20"、康定"11·23"地震灾区，为确保雅康高速公路工程建设进度，公司充分利用灾后重建的优惠政策，完成四川省"4·20"芦山强烈地震灾后恢复重建委员会办公室下达的工程建设目标，公司在与沿线政府签订的《征地拆迁工作协议》框架内，根据征拆工作计划、征拆进度等具体征拆工作情况，及时签订了《征地拆迁工作补充协议》，及时完善相关程序、手续。

（3）积极开展征拆业务培训，确保征拆工作顺利推进。为加强征地拆迁工作的顺利实施，公司先行印发了征地拆迁文件汇编，加强公司所有管理人员对征拆政策的掌握，且先后组织公司及沿线各区县征地拆迁协调指挥部开展征拆工作业务培训，如政策业务宣贯、社保安置专题培训等。

（4）严控杆管线、厂矿企业专项拆迁程序，确保征拆资金严格受控。为加快杆管线、厂矿企业专项拆迁工作，且杜绝征拆过程中的腐败现象，公司先后在国资委中介机构库中比选了具有咨询、评估经验的第三方造价咨询和资产评估公司，严把征拆资金控制关。同时公司及时邀请第三方杆管线迁改方案审查单位，严把杆管线拆迁方案咨询关，印发《雅康高速公路杆管线及重大专项拆迁项目拆迁指南》，并附详细流程表，指导地方政府按程序，严格落实相关要求。

五是坚持"双控管理"，确保征拆资金"软着陆"。为确保征拆工作顺利进行，雅康公司按照省、市（州）相关政策、标准，以及集团公司与地方政府达成的有关会议纪要精神和与地方政府签订的《征地拆迁工作协议》有关内容，已足额拨付征地拆迁费用合计约16亿元。同时，公司根据《雅康高速公路征地拆迁工作管理办法》和《雅康高速公路征地拆迁资金管理办法》及时核销征拆费用。另外，公司聘请了专业会计师事务所，在征拆过程中对征拆工作及征拆费用进行专项审计，确保征拆资金落实到位。

4.4　外部协调

外部协调工作是工程项目建设顺利实施的重要保障，雅康公司负责牵头与项目所在地的人民政府、相关部门、相关团体，以及当地人民群众做好项目外部施工环境的协调工作。

1）燃料与材料供应

雅康公司调查确定燃料与材料的供应来源和供应渠道，制订供应计划，确保主要燃料和主要材料供应充足。

2）电力与水力供应

电力、水力是工程施工建设不可缺少的两大资源。雅康公司调查确定电力、水力的供应来源，办理供电、供水手续，确保电力、水力供应充足。

3）通信联络

雅康公司确定施工现场通信方式，接通通信光纤宽带线路，建立项目与当地政府、与社会外界、与各参建单位的网络联系。

4）交通条件提供

雅康公司调查施工现场进出交通条件，为参建单位提供便利交通条件和信息。

5）外部配套设施建设管理

雅康公司设置专门的"三改"机构，进行改道路、改管线、改沟渠调查，落实"三改"计划，疏通"三改"工作渠道，办理"三改"工程手续，主动向当地政府部门汇报"三改"工作计划，取得当地政府部门尤其是当地村民对"三改"工作的支持。

6）治安、消防、交管、防疫、防汛与减灾管理

雅康公司主动与当地治安、消防、交管、防疫、防汛部门建立联系，落实施工现场范围内的治安、消防、交通、防疫、防汛管理措施，落实各项防灾与减灾措施。

7）重大设备、专项设备联系加工制作

雅康公司对项目建设所涉及使用、安装的重大永久性设备及临时设备，联系加工场所或提供供应渠道，保证这些重大设备的供应质量和供应时间。

8）人文地理、民风民俗与历史文物管理

雅康公司深入调查当地民风民俗、当地的人文地理、地下的历史文物，做好人文地理、民风民俗、历史文物管理，特别是在少数民族人民聚居地区，更应注意民族政策和民族团结问题。

9）与社会团体联络管理

雅康公司积极争取社会各界和当地群众团体对项目建设的理解和支持，广泛宣传项目建设的重大意义，主动向社会公开项目建设的监督渠道，畅通项目建设与社会的联系沟通方式，建立良好的项目施工环境。

4.5 招投标

雅康高速公路项目建设的所有工程均实行公开招标，招投标工作自2011年7月雅康高速公路初步设计招标起，至2018年5月雅康高速公路GL2标段钢梁采购招标结束，历经7年。雅康高速公路项目招投标工作遵循公开、公平、公正、诚实信用的原则，严格执行国家、交通运输部、四川省交通运输厅、集团公司、藏族人士聚居地高速公司相关规定和工作程序；雅康公司先后制定了《雅康高速公路招标投标管理办法》等规章制度，成立招投标工作委员会，由公司董事长任主任委员，公司总经理任副主任委员，公司副总经理、纪检专员、总经理助理、副总工程师等领导班子成员任委员，负责招投标工作的领导、管理。

　　坚持"四个全面"工作机制，确保工程招标合法推进。雅康公司有序完成了雅康高速公路土建施工、土建监理及实验室、路面施工、路面监理及实验室、支座采购、伸缩缝采购与安装、绿化施工、房建施工、交安施工、机电施工、交工验收等招标项目20余个，克服了人手少、时间紧、任务重、程序多的困难。在招标条款设置、招标文件核备、招标评标过程中均未收到任何个人、单位对招标人的质疑及投诉。始终按照严于律己、恪守公开公平公正的原则开展招标工作。始终坚持合法合规，多汇报多沟通逐级备案的程序开展招标工作，坚持"四个全面"工作机制，为项目工程建设加快推进打下了坚实基础。

　　（1）全面履行招标过程、招标结果核备程序。招标实施计划、招标文件、招标结果均按要求在交通运输主管部门、四川省交投集团、藏高公司进行核备，累计180余次在相关部门完成核备手续，确保招标工作及程序合法、合规。

　　（2）全面实行招标资料电子化。招标文件、招标图纸、补充技术规范、工程量清单（实行固化清单）均实行了电子化并在相关网站公开免费发布，在投标人递交投标文件前确保招标人与潜在投标人零接触。

　　（3）全面实行招标工作进入省公共资源交易中心。招标评标工作均在四川省公共资源交易中心进行，开标、评标过程均在四川省公共资源交易中心的监督下封闭进行，全过程实行录像、录音，且开标、评标全过程同时在交通运输主管部门、四川省交投集团、藏高公司的监督下进行，确保了开标、评标过程公平、公正。

　　（4）全面实行招标工作"两随机、三分离"制度。清标、评标人员实行"两随机"制度。公司委派的清标人员每次招标清标时由招标委员会领导在进入四川省公共资源交易中心前一天随机确定，进入四川省公共资源交易中心当天，由公司党纪部工作人员通知后陪同进入四川省公共资源交易中心；公司委派的评标人员（招标人代表）每次招标评标时由招标委员会领导在抽取评标专家时随机确定，确定后由公司党纪部工作人员陪同直接进入四川省公共资源交易中心。招标、清标、评标人员实行"三分离"制度。招标前期工作（招标文件编制、核备等）人员与清标评标工作分离；清标人员不得参与招标前期工作及评标工作，清标人员与招标前期工作及评标工作分离；评标人员不得参与清标工作，评标人员与清标工作分离。

第5章
科技创新管理

5.1 理念原则

5.1.1 理念

党的二十大报告特别强调"必须坚持科技是第一生产力、人才是第一资源、创新是第一动力……加强企业主导的产学研深度融合，强化目标导向，提高科技成果转化和产业化水平。"

雅康高速公路根据国家对科研创新的重大战略导向，树立顶层设计理念，系统构建目标明确、层次清晰、主线突出、理念先进的科研框架。既重视创新研究，也重视对已有研究成果的推广应用，创造条件予以验证性应用基础上实现提升和突破，特别注重提升科技成果转化水平。

（1）推广项目。对前期研究工作进行深入系统梳理，总结提炼出各研究项目的创新点、效果、效益，对标评价标准对前期科研中取得的主要成果进行详细系统的评估和分析。结合雅康高速公路工程实际，积极推广使用已有工程实践检验认可的新技术、新工艺、新材料，以提高工程建设的科技含量和工程质量。新技术的推广应用要进行充分论证，进行技术质量经济等多方面的综合分析比较，在保证技术先进、质量可靠、费用合理的前提下推广应用。

（2）攻关项目。结合藏族人民聚居地区域高速公路的突出特点，明确研究目标，丰富和完善雅康公司科研体系，进一步优化后续开展的研究项目。对于特殊复杂尚无成熟施工工艺的项目，不进行大面积推广，只争取科研项目立项，与科研单位进行联合研究攻关，制定切合实际的施工工艺和技术质量控制措施，在小范围内进行试验性研究。对选定为科研试验项目的施工段，承包人必须积极支持配合，服从雅康公司的统一安排。实验研究项目完成后应单独对其进行质量检测，工程被认定合格后方可进行下道工序的施工，工程不合格时必须进行返工或处理后方可进行下道工序的施工。

（3）成果产出。在建设过程中，加强国家标准、发明专利、有较强的影响力的高水平论文、省部级科技奖励等创新硬核成果的产出。

（4）成果转化。关注国家战略和区域发展规划，加快成果转化，创造经济和社会效益，打造雅康公司科技品牌影响力。

5.1.2　原则

雅康高速公路技术管理的特殊性尤为突出，特殊的地理环境以及生物环境的多样性都是项目设计与建设的技术难点，通过在现有技术应用的基础上，根据项目实际需求实现对现有技术的创新，解决工程技术难点，才能保证工程的顺利进行。根据雅康高速公路面临的工程难度，坚持"巩固、创新、提高"的技术管理原则，进行多项技术创新，把技术的管理与创新作为项目生产实践的重要工具。

（1）巩固原则。巩固项目以前突破的众多新技术，对这些新技术要不断完善，坚持改进，抓好推广应用。

（2）创新原则。进一步推动技术创新，全力攻克施工技术方面的问题，重点解决项目面临的重点难点技术问题。

（3）提升原则。从实践上升到理论，抓好技术总结和成果提炼，形成知识产权，使各项创新成果成为长久智力财富。

5.2　科研管理

雅康公司提出对于科技创新的管理，首先要建立完善的技术管理制度，在项目实施过程中，加强技术人员应用新技术的专业培训，对于科研进度，要实施流程化的管理模式。为此，雅康公司提出了科研创新管理办法，办法分为部门与职责、规划与立项、过程实施、结题报奖4大部分，下面就这4部分科研管理办法进行详细说明。

5.2.1　部门与职责

科研管理实行分级管理机制，从上至下管理机构依次为决策层——公司党委会、董事会，领导层——董事长、总经理、副总经理、纪委书记，执行层——工程建设部、技术合同部、业主代表处。各层管理机构确定一名长期固定的科研联系人，负责日常工作的信息交互、日常事务的具体经办，该人员应对科研工作比较熟悉，且有较强的责任心。

决策层主要负责审议科研规划，审议联合技术攻关课题立项申请书，审议科技示范实施方案，审议科研管理办法。

领导层主要负责贯彻落实国家、省部级、行业主管部门及交投集团有关科研管理规定，执行公司党委会、董事会有关科研决议；全面领导公司科研管理工作，对科研管理办法、科研规划、科技示范、成果应用推广、科研立项、科研报奖等重大事项进行审核把关。

执行层主要负责积极申报国家、省部级、行业主管部门及交投集团科技项目，争取获批立项后具体组织实施；制订本项目科研管理制度，编制本项目科研规划，组织本项目规划课题的立项申请；根据雅康公司下达的课题任务书，组织开展协研单位的选择，完成合同文件的签订，负责主办课题研究经费的拨付；对所主办的科研项目负责组织实施，并对项目研究人员、进度、质量、经费、成果、档案等进行日常管理；负责所主办科研项目的现场检查、技术交流、执行情况汇报，配合领导小组办公室开展项目预评审及验收，并根据意见对相关资料进行完善；负责本项目科研季报、课题执行报告（半年和年度）、科技宣传季报、日常报表的编写上报，切实做好项目科研总结、经验推广及相关宣传工作；落实领导小组及其办公室安排的其他工作。

其他配合部门包括财务部、技术合同部以及综合办公室等。财务部协助做好科研项目研究经费筹集，监督检查科研费用到位与使用情况，协助做好科研公司承担课题的财务报告及核算表，按有关要求承担科研财务助理工作。技术合同部负责做好科研招标工作的备案审查，负责公司承担科研项目的有关招标工作。综合办公室负责给科研人员及外聘科研辅助人员提供办公条件，协助做好公司承担的科研项目中"用于水、电、气、房屋租赁等间接费"的使用及手续完善。

为提升工作效率，强化有痕化管理，采用信息化办公处理科研季报、课题执行报告（半年和年度）、科技宣传季报、科研归档资料的提交报送，科研规划、立项申请、预评审申请、结题验收申请、科技示范实施方案的审核审批等工作。

5.2.2　规划与立项

1）科研规划

各项目在初步设计阶段，着眼项目建设与运营需要解决的技术和经济问题及成果推广应用示范要求，在领导小组的指导下，独自或委托有实力的高校、科研院所、设计单位、咨询单位等进行统筹规划编制。编制科研规划时，邀请业内有关权威专家对科研规划专题报告进行咨询审查（次数不限），确定具有较高水平的科研课题清单、研究内容、依托工程和经费组成，形成科研规划专题报告报领导小组审核，公司党委会、董事会审议通过后，再报行业主管部门审批。经行业主管部门批准的科研规划及研究费用，争取纳入项目初步设计文件。根据科研规划中的科研课题清单，开展各项联合技术攻关课题研究工作。

2）申报与立项

对国家、省部级、行业主管部门及交投集团组织的科研项目，按要求积极申报，争取获批立项。联合技术攻关课题，原则上根据科研规划中的课题清单立项实施，立项程序为：①按规定格式编写立项申请书，为确保课题研究水平及价值，编写时可邀请专家进行咨询审查；②将立项申请书（初稿）报领导小组审核，若审核通过，先组织技术审查，然后组织经费审查，技术和经费审查委托外单位开展；③领导小组办公室将立项申请书（终稿）（附带技术和经费审查意见）提请公司党委会、董事会审议，若审议通过，公司将下达课题任务书。打包报奖类课题，经公司党委会、董事会审议通过后，根据需要到行业主管部门、四川省科技厅等更高一级科技管理部门申请立项。

5.2.3　过程实施

组织与实施主要包括过程的检查与考核、宣传与学术交流，还涉及科研经费的管理。

1）过程实施

国家、省部级、行业主管部门及交投集团组织的科研项目，坚持"谁申报谁负责"的原则，具体按照立项批复单位的有关要求组织与实施。联合技术攻关课题，公司下达课题任务书后，由主办单位合理、合法、合规开展协研单位的选择，然后与其签订科研合同，最后按课题任务书及科研合同要求，与协研单位一起组织与实施。

主办单位具体负责联合技术攻关课题的日常管理工作，主要对课题研究人员、进度、质量、经费、成果、档案等执行情况进行监管。

课题实施过程中，取得的阶段性成果要求及时应用于项目实际，切实解决项目建设及运营中存在的技术和经济问题，并通过应用反馈的信息对成果进行改进完善，提升成果质量及适用性能。在项目执行过程中，原则上不允许调整科研内容及进度计划，如确需对科研合同所列内容及进度计划进行调整，主办单位须在研究期内提前向领导小组申请，领导小组审查批准后方可执行。可中止或撤销课题的情况包括：①对研究计划执行严重不力，或难以取得预期研究成果；②拒不接受阶段性检查，不按时报送课题执行情况等有关资料；③违反科研经费使用规定，并拒不纠正；④课题负责人离岗半年以上，无合适的更换人选；⑤因其他原因而必须中止的项目。中止或撤销的课题，须立即停止科研经费的使用，由此造成的一切损失将按合同约定划分责任。

2）检查与考核

项目办根据领导小组的要求，及时向领导小组办公室上报资料，包括：科研季报，每季度末报送；科技宣传季报，每季度末报送；课题半年执行情况报告，6月底报送；课题年终执行情况报告，每年12月底报送。

每年由领导小组办公室制定科研检查与考核方案，经领导小组同意后具体实施，科研检查每年开展2次、考核每年开展1次，具体时间以正式通知明确。根据每年科研检查与考核情况，由领导小组审核确定表现优秀的科研集体和个人名单实施评先评优。为及时了解课题研究与科技示范开展情况，有效解决实施过程中存在的问题，每年底由领导小组统筹安排组织一次科研工作推进会。

3）宣传与学术交流

科研宣传的内容包括科研亮点、取得的重大成果、科研会议、科研检查、科研交流、现场观摩、先进事迹、成果推广、上级关心等。

通过公司"科研信息专报"开展宣传工作，必要时上报相关主管部门开展宣传。科研信息专报由领导小组办公室根据项目办报送的"科研宣传季报"综合整理编写，然后送交领导小组审核后印发。原则上每季度固定印发一期，也可视情况随时印发。

在领导小组的安排下，由领导小组办公室组织有关科研考察及学术交流活动，必要时在雅康公司系统内组织专场学术交流会，具体会议可在雅康公司所在地举行，由雅康公司具体承办。

4）经费管理

科研经费管理包括课题立项阶段研究经费预算编制、课题实施阶段研究经费使用、课题验收阶段财务报告编写等内容。

国家、省部级、行业主管部门及交投集团组织的科研项目，科研经费管理按立项批复单位的要求执行，由申报单位财务部门设专账管理。其中关于劳务费和间接费，聘用的研究人员、科研辅助人员的劳务费，参照当地科学研究和技术服务业从业人员平均工

资水平执行；为项目研究提供的现有仪器设备及房屋，日常水、电、气、暖消耗，有关管理费用的补助支出，由综合办公室协助做好该间接费的使用及手续完善。间接费中激励科研人员的绩效支出，由项目负责人提出分配方案，上报领导小组审批后执行，绩效支出安排应当与科研人员在项目工作中的实际贡献挂钩。

联合技术攻关课题，立项阶段参照国家、省部级和行业主管部门的有关规定进行预算编制；实施阶段按科研合同中的预算严格执行；验收阶段科研经费使用超过80%后方可申请验收，课题结余资金在2年内由协研单位按有关规定统筹安排，若2年后结余资金仍有剩余，应当按原渠道退回主办单位。联合技术攻关课题在执行期内，由主办单位具体负责科研经费的拨付和管理（含结题后2年内结余资金未执行完部分的收回）。为确保研究工作顺利开展，科研经费拨付采取以下方式：成果要求有申报国家级、省部级或国家一级学会科技进步二等奖及以上奖励的课题和研究期限小于或等于1年的课题，科研合同签订后即拨付100%科研费；研究期限大于或等于2年的，科研合同签订后即拨付50%科研费，执行期满1年后拨付剩余50%科研费。

科研经费必须实行专款专用专账管理，凡是研究专项经费（不含自筹经费）大于或等于100万元的联合技术攻关课题，结题验收前，协研单位应当选择符合要求的会计师事务所进行财务审计，财务审计报告是财务验收的重要依据。

5.2.4　结题报奖

该部分主要包括科研项目的结题与验收、科研资料归档、科研课题报奖以及科研成果管理四部分内容。

1）结题与验收

国家、省部级、行业主管部门及交投集团组织的科研项目，由申报单位负责协助立项批复单位开展课题验收工作。联合技术攻关课题，由领导小组办公室负责组织验收，课题主办和科研单位全力协助配合。

若主办单位认为课题研究任务已完成，备齐有关资料向领导小组办公室申请预评审，按预评审意见对研究成果进行完善合格后，备齐有关资料向领导小组办公室申请验收，验收通过后主办单位须根据验收意见进一步完善研究成果，然后按规定向领导小组办公室提交科技档案资料。

2）科研资料归档

科研资料主要由"立项阶段资料、实施阶段资料、验收阶段资料"三部分组成。在课题执行期间，课题承担单位（或主办单位）按"一题一档"的原则，参照科技档案管

理有关规定开展科研资料归档工作。国家、省部级、行业主管部门及蜀道集团组织的科研项目，由申报单位按照立项批复单位要求完成科研档案资料的提交工作，同时提交一份给雅康公司综合办公室统一归档保存。联合技术攻关课题，应在结题验收通过后的三个月内，由主办单位按要求分别向领导小组办公室和综合办公室提交一份科研档案资料，资料报送情况将纳入雅康公司科研年度考核。

3）科研课题报奖

争创科技大奖是公司科研工作的重要任务，具体由领导小组办公室牵头负责，报奖材料由协研单位（或奖项申报单位委托的有关单位）负责编写、整理，项目办及相关单位必须全力协助配合。报奖材料编写、整理单位应根据不同科技奖项的申报要求，合理制定报奖方案经领导小组审核后实施，各项报奖材料在向授奖单位及部门提交前，均须提交领导小组审核。

4）科研成果管理

科研成果系指课题任务书及科研合同中约定的所有考核指标，如专著、标准、指南、软件、产品、装置、工艺、工法、专利、论文等。要求各单位按《中华人民共和国保守国家秘密法》《交通运输行业知识产权管理办法》等法律法规要求，强化科研成果的保密和知识产权的使用。

国家、省部级、行业主管部门及交投集团组织的科研项目，科研成果按立项批复单位的要求由项目申报单位具体落实执行。

联合技术攻关课题，课题任务书及科研合同中约定的所有考核指标，须经领导小组办公室审核后方可进行发布，具体要求如下：凡是协研单位独著的考核指标，不能作为课题结题的支撑；所有考核指标发布时，署名有公司系统内管理人员的，其单位写雅康公司；同类型考核指标仅有一项时，以公司排名第一进行发布；多于一项时，至少有一项为公司独自发布，其余为联合发布。联合技术攻关课题所取得的研究成果，其知识产权归公司所有，协研单位拥有使用权，具体可在科研合同中约定。

5.3 实施过程

5.3.1 科研项目规划

5.3.1.1 总体思路

首先，对雅康高速公路项目工可阶段、初步设计阶段的专题研究工作进行梳理，对

前期科研中取得的主要成果和存在的不足进行总结和分析。其次，在前期科研工作梳理及路基路面、地质灾害、桥梁、隧道、交通工程、环境保护等专业工程特点分析的基础上，对雅康高速公路项目在勘察、设计、施工及运营阶段的主要工程技术难题及相关国内外研究现状进行分析，并与建设单位、工可及初步设计编制单位等前期参加单位就相关问题进行沟通交流，进而对项目建设各阶段中的科研项目进行规划，明确各科研项目应解决的技术难题。另外，根据雅康高速公路实施计划，对科研项目制定出分阶段实施的计划，并对项目的科研管理模式、组织实施、验收规划等给出建议。

5.3.1.2　指导方针

坚持科学发展观，立足雅康高速公路，面向行业，以优化科技研发资源配置、强化科技项目管理为主线，以进一步攻克关键技术、加强科技创新为重点，切实解决在勘察、设计、施工、运营和管理上的技术难题，围绕建设目标，为建设畅通、安全、高效、绿色的高速公路提供强有力的科技支撑和保障。

5.3.1.3　主要目标

1）科研成果目标

科研成果的总目标是：高标准、高质量、高效率。高标准指创新科研项目应达到或超过国内、国际同类项目的技术水平；高质量指创新科研项目在有效提高工程质量、降低工程风险方面作用明显；高效率指创新科研项目在保障安全和质量的前提下，能有效提高工程的建设效率。

2）科研管理目标

科研管理的总目标是：通过建立伙伴合作管理模式，依据全面高质量管理理念，调动管理和参研人员的积极性，实现从选题、立项、组织实施、验收（或鉴定）、应用和报奖全过程的有效管理。

3）人才培养目标

依托雅康高速公路工程建设及其工程技术攻关工作，加强我国交通基础设施领域技术人才培养，其总目标是：通过高速公路建设，培养一批国际一流的建设和管理人才；通过科研项目的实施，培养具有国际一流水平的行业高级研发人才；通过参与科研项目的高等院校和科研院所，培养博士和硕士人才。

5.3.1.4　方向规划

通过对雅康高速公路规划与设计资料的研读，紧紧把握雅康高速公路自身的工程特点与难点，研判国内外研究现状，确定了防灾减灾、运营安全、经济节能及重大工程 4 类攻关项目，并梳理了雅康高速公路建设过程中 3 个需要通过科研创新攻关解决的关键科研方向。

（1）藏族人民聚居地区域高速公路重大桥隧工程关键技术研究。包含3个研究范围：①高海拔复杂陡峻地形条件下长大桥隧群施工技术研究；②多种复杂条件作用下二郎山深埋特长隧道建设及运营关键技术研究；③高烈度峡谷山区复杂风场环境下特大跨径悬索桥建造技术研究。

（2）藏族人民聚居地区域高速公路经济节能及智能化技术研究。包含2个研究范围：①藏族人民聚居地区域高速公路智慧交通管理体系研究；②藏族人民聚居地区域高速公路在低交通量条件下高速公路技术经济适应性研究。

（3）藏族人民聚居地区域复杂多灾环境条件下高速公路防灾减灾及环境保护关键技术研究。包含2个研究范围：①藏族人民聚居地区域高速公路防灾减灾及环保关键技术；②藏族人民聚居地区域高速公路环境保护与景观设计研究。

5.3.2 科研项目立项

根据雅康高速公路的工程特点、难点，雅康公司领导层提出围绕"安全、绿色、节能"的建设理念，把握科研规划的3大主攻方向，重点针对长大隧道与特大跨径悬索桥的"行车安全、生态保护、节能减排"，联合西南交通大学、重庆交通大学、成都理工大学、四川省公路规划勘察设计研究院等科研院所，立项防灾减灾、安全畅通、经济节能及重大工程4类、共计16项科研项目。各项目详细信息见表5-1。

科技创新项目立项信息一览表　　　　　　　　　　　　　表5-1

序号	项目名称	主要研究内容	解决的问题	依托工程点位
1	高烈度复杂风场区特大跨径悬索桥施工关键技术研究	（1）改进的轨索滑移法施工技术研究；（2）锚固系统施工技术研究；（3）施工抗风稳定性研究；（4）主塔波形钢腹板钢混组合横梁施工技术研究	（1）为吊装设备有效性奠定基础；（2）指导大渡河大桥锚固系统合理施工，保障施工质量和安全；（3）提出防风措施，优化施工时间；（4）提出波形钢腹板钢混组合梁施工技术，提出有效技术措施，保障施工安全稳定进行	C15合同段泸定大渡河大桥
2	特大跨径悬索桥索塔波形钢腹板横梁抗震性能实验研究	（1）基于性能的抗震设计思想，对比研究横梁结构形式、横梁道数、横梁尺寸等参数对桥梁抗震性能的影响；（2）通过拟静力模型实验研究桥梁索塔与波形钢腹板横梁结合段在E1、E2地震作用下的滞回特性、延性性能、耗能能力、刚度损伤等的抗震性能；（3）定量分析研究对象在不同概率地震设防水准下的性能指标；（4）研究结构在地震作用下的典型破坏模式及其极限承载能力	（1）提出针对高烈度地震区大跨径悬索桥索塔的最优横梁体系设计方案；（2）验证设计计算理论；（3）为可能发生的震后修复工作提供数据依据；（4）为该型桥梁整体抗震分析提供基础数据	C15合同段泸定大渡河大桥

续上表

序号	项目名称	主要研究内容	解决的问题	依托工程点位
3	高海拔低温条件下温拌沥青路面铺筑工艺及质量控制技术研究	（1）强化原材料质量控制，研究确定性能可靠、价格合理的温拌工艺及温拌添加剂品种； （2）研究确定合理的温拌剂添加、温拌混合料拌和工艺及质量控制方法； （3）研究验证温拌沥青混合料的路用性能，确定配合比，满足工程应用； （4）研究温拌沥青混合料的低温适应性，提出低温施工时温度控制要点； （5）提出温拌沥青混合料摊铺、碾压及质量检验评定要求，编制技术指南	（1）确定适用于高海拔的沥青路面低温施工技术，解决温拌沥青技术缺乏质量控制标准和方法等问题； （2）提出基于藏族人民聚居地区域高速公路温拌沥青现场质量控制技术，实现对温拌沥青混合料全过程的动态质量控制	路面工程
4	藏族人民聚居地区域高速公路隧道照明综合节能技术应用示范研究	（1）渐变式太阳能薄膜光伏遮光栅发光节能技术应用示范研究； （2）多种照明节能技术静态组合应用方案研究与示范； （3）无级调光与车辆监测动态组合技术应用研究与示范； （4）藏族人民聚居地区域高速公路隧道照明综合节能技术应用效果测试与评价	（1）保证藏族人民聚居地区域高速公路隧道照明节能技术研究的综合性和整体性； （2）消除车辆进出洞口的"黑洞""盲光"，营造洞内舒适轻松照明环境、突出路面照度、提高路面照明均匀度和行驶诱导； （3）实现藏族人民聚居地区域高速公路隧道照明综合节能达40%以上； （4）提出《藏族人民聚居地区域高速公路绿色照明设计与效果评价技术指南》	泸定、麻岗山、张家山、周公山隧道
5	藏族人民聚居地区域高速公路综合利用清洁能源建设自发电智能电网技术方案研究	（1）实地调研、研究如何综合利用高速公路沿线清洁资源点； （2）研究在消防管道满足消防供水安全的前提下如何利用消防管道清洁能源建设发电装置； （3）研究如何将沿线清洁能源点与"永临结合"高压线路集成成为微电网系统，通过微电网智能调度平台保障高速公路沿线供电需求	（1）将风电、光电、水电等清洁能源，在一个调度平台上使用； （2）利用消防用水建设分布式微型水电站，用于高速公路建设及运营用电，降低运营成本； （3）利用高速公路闲置土地资源，建设分布式光伏电站； （4）利用高速公路自身特点，建设企业拥有的智能电网系统	C16标磨子沟消防水电站、泸定大桥重力式锚碇护坡光伏电站、泸定服务区排水工程综合利用电站、泸定服务区光伏电站、二郎山隧道斜井电站、鸳鸯坝至二郎山隧道段利用"永临结合"用电工程建设微电网、在泸定服务区建设微电网后台调度控制系统
6	川藏高原梯度带高速公路高桥隧比超长纵坡路段行车安全保障技术研究	（1）基于驾乘人员的人-车-路-环境系统性行车安全风险识别技术研究； （2）超长纵坡路段驾驶人主动性安全行驶速度控制技术研究； （3）多感官输入的特长隧道及隧道群行车安全和舒适技术研究	（1）解决超长纵坡路段大型车辆安全下坡问题； （2）提高特长隧道及隧道群路段如何提高驾驶人心理舒适感	全线
7	基于参数化智能技术的高速公路重大节点工程BIM模型的应用研究	（1）建立雅康高速公路重大节点工程的BIM模型（LOD4.5）； （2）探索基于BIM参数化技术的高速公路运营管理模式； （3）BIM技术在高速公路养护、运维期的参数化智能应用与示范	为藏族人民聚居地区域高速公路的后期养护与运维管理的信息化、智能化、网络化建设提供实践基础	二郎山隧道、泸定大渡河大桥、对岩互通、泸定互通
8	雅康高速公路二郎山隧道利用自然风通风节能技术深化应用研究	（1）隧道自然风压计算与应用技术； （2）二郎山隧道利用自然风通风节能技术研究； （3）二郎山隧道运营通风综合节能技术应用效果测试与评价	掌握二郎山隧道自然风压的作用规律及其对隧道运营通风的影响，提出二郎山隧道运营通风自然风压有效利用的技术措施与控制方法，形成示范应用	二郎山隧道

序号	项目名称	主要研究内容	解决的问题	依托工程点位
9	深大峡谷复杂风场环境下特大跨径悬索桥风致行车安全性研究	（1）进行风、汽车、桥的耦合振动分析，建立桥梁和车辆的安全性评价准则，针对依托工程提出风速车速限制标准； （2）结合风洞试验分析和现场实测，研究桥面风环境，确定典型车辆在桥上所受的风荷载，优化风障的形式、分布和高度，提出适应当地风场特性和交通需求的大风监测技术、可靠的风速预测技术（集成在软件平台中）和进一步制振措施（优化主梁质量阻尼器设计方案）； （3）研究行车预警技术、预警等级的行车预警系统，明确预警区间及预警阈值的可靠性，为依托工程应急建议风速车速等级； （4）与健康监测预警系统相结合，研发形成可指导交通运营的风速-车速预警平台，及相关的配套应急预案	（1）确保汽车能够在处于复杂风环境当中的特大跨径悬索桥上安全行驶； （2）桥面风场现场实测，为预警系统的建立提供有力的依据； （3）开发高效算法通过风场多点实测风速预测桥位处主风向向短时大风风速、风向，能够确保预测结果的准确性，极大地降低误报漏报现象，并保证预警系统的可靠性； （4）结合健康监测预警系统，研发形成风速-车速预警平台，并拟定配套应急预案，实现将理论研究成果进行应用转化，为依托工程服役期安全运营提供重要支撑	C15合同段泸定大渡河大桥（YK1）
10	雅康高速公路隧道地下水环境变化的生态敏感性分析	（1）隧道地下水限量排放标准的确定方法； （2）隧道地下水限量排放对隧址区地下水环境及生态环境质量影响评价	切实解决藏族人民聚居地区域高速公路隧道复杂的地下水和生态敏感性问题，保护生态环境与运营安全	二郎山隧道、飞仙关隧道（YK2）
11	复杂环境下特大跨径钢桁悬索桥结构状态智能感知与先进维护关键技术应用示范研究	（1）目标导向的悬索桥结构智能感知理论与技术； （2）融合环境因素与结构响应的结构状态检测与性能评估及灾后评价关键技术； （3）灾害环境下悬索桥关键构件的实用监测与检测装置研发； （4）基于先进维护的在役悬索桥全寿命综合集成平台研究； （5）依托大渡河大桥进行监测、维护信息评价构件、结构性能技术的应用示范	（1）建立基于初始状态、安全监测系统与日常养护于一体的大型悬索桥全服役周期结构安全评估方法； （2）研发基于BIM技术的悬索桥结构综合可视化管养平台； （3）开发灾害环境下大型悬索桥基于安全监测系统的实用安全评估与预警技术； （4）全面提升大跨径悬索桥运营管理与安全保障技术水平	泸定大渡特大桥
12	雅康高速公路交通旅游融合方案与技术实践研究	（1）雅康高速公路旅游融合模式研究； （2）雅康高速公路旅游品牌定位研究； （3）基于旅游感知的路域景观营造研究； （4）基于功能拓展的路域游赏体系规划研究； （5）基于区域发展的交通旅游融合路径研究	（1）理念上：在区域尺度和路域维度上建立基于区域发展的高速公路+旅游融合框架体系、开发模式和融合管理机制； （2）方法上：统筹视觉认知和文化感知景观分析结果，提出雅康全线景观主题及典型区段景观主题营造方案； （3）实践上：依托工程构建关键节点旅游服务拓展实施方案，构筑一条从雅安至康定的具有快速、便捷、休憩、体验、文化、娱乐等复合功能的黄金旅游风景道	YK4
13	藏族人民聚居地区域高速公路波形梁钢护栏撞击智能报警系统研究	（1）波形梁钢护栏撞击监测数据处理及报警辨识研究； （2）波形梁钢护栏碰撞冲击状态实时感知研究； （3）藏族人民聚居地区域高速公路波形梁钢护栏碰撞智能监测系统研发	（1）构建波形梁钢护栏碰撞监测智能报警方法及软件信息平台； （2）建立四川省首个用于高速公路波形梁钢护栏碰撞监测报警系统； （3）基于该智能报警系统实现对高速公路部分交通事故的智能识别	全线

续上表

序号	项目名称	主要研究内容	解决的问题	依托工程点位
14	藏族人民聚居地区域高速公路服务性能运动学评价方法的研究专题	（1）通过车载加速度测试，开展复杂条件下道路几何参数对车辆行驶特性的影响规律研究以及交通组成特性、驾乘人员行车舒适性的研究； （2）极端环境条件下车辆行驶稳定特性与路面影响因素研究； （3）基于车辆运动学规律及能源消耗的藏族人民聚居地区域高速公路路线服务性能综合评价； （4）借鉴铁路舒适度和平顺性方法，对藏族人民聚居地区域高速线路几何参数运动学评价	（1）开展典型藏族人民聚居地区域高速公路路线服务性能综合评价体系研究，分析复杂外荷载与环境下路线几何条件对车辆行驶过程中的能源消耗、行驶的舒适性和安全性的影响规律； （2）引入路线全寿命的概念，结合路线使用过程中的费用模型，对雅康高速公路路线进行综合评价，并提出相应的优化方案	全线
15	新时代弘扬"两路"精神传承研究	（1）川藏公路建设发展及意义研究； （2）"两路"精神内涵及时代价值研究； （3）"两路"精神传播研究； （4）川藏公路展馆筹建策划研究	弘扬"两路"精神传承，起到宣传作用	—

5.3.3　项目执行

根据立项的科研课题任务书，组织召开大纲评审会、设计变更会、中期汇报会；组织设计、施工单位协助科研单位成果落地。按月、季度、半年、年度四个时间节点进行进度的督促，过程中收集阶段性研究报告，最终形成研究总报告。

5.3.3.1　前期踏勘

项目前期，课题组针对研究需求，对项目进行前期踏勘调研（图5-1），并形成踏勘报告，报备项目组备案。探勘报告应包含项目研究所需的所有要素，并建议在调研过程中，根据课题组专业知识，对项目建设过程提出必要的指导意见。

图 5-1　课题组前期踏勘调研

5.3.3.2 大纲评审阶段

由各课题组按照项目办提供的研究大纲格式，撰写研究大纲。召开大纲评审会，形成大纲评审意见，科研单位采纳修改大纲，提交修改后的大纲备案。科研大纲评审意见包括以下8个方面：项目立项必要性可行性评价；研究内容完整性、合理性；技术路线和研究方案的可行性；拟解决的关键技术问题是否明确；项目实施期内预计达到的主要目标；经济效益和社会效益分析预测；计划进度安排的合理性，课题实施条件（人、财、物）是否充分、落实；建议意见。

5.3.3.3 设计变更阶段

对于需要将成果纳入设计才能落地实施的科研项目，项目组协调设计单位与科研单位，邀请来自其他设计单位、高校、科研机构、施工单位的专家召开审查会，进行设计变更相关技术审查，出具设计变更审查意见。相关图纸可由研究单位出具并报请五方确认；也可由科研成果应用点位对应的设计院协助科研单位出具并由设计单位签认。

5.3.3.4 过程研究阶段

对于研究期限为1年的科研项目，一般不设置中期汇报；对于研究项目期限在2年及以上的研究项目，视情况定期召开阶段性汇报会，一般以科研专题会或科研工作推进会的形式召开1个或几个科研项目的阶段研究情况审查。会上提供阶段性研究报告，阶段产出的论文、专利等任务书规定或超额完成的成果，以PPT（演示文稿）的形式汇报阶段性研究成果及下一步工作计划。

5.3.3.5 科研与工程结合

项目办协调施工单位配合科研单位成果落地实施。本项目施工企业不具有科研成果落地的施工能力时，可整体切割给具有施工能力的施工单位实施。

5.3.3.6 研究总报告阶段

研究总报告一般可以由公司督促填报的季度报告、年度报告等总结整理而成，也可以由科研单位按照既定的研究报告格式整理而成。研究总报告整体反映研究的背景、国内外现状、本项目调研情况、任务书规定的研究内容研究成果、工程与科研结合情况、总结与创新、参考文献。

5.3.4 结题与归档

5.3.4.1 结题验收材料准备

雅康高速科研课题结题验收材料一般包括研究总报告、工作报告、查新报告、经济效益分析报告、财务报告、综合文件汇编（结题申请表、合同及任务书、研究大纲、各阶段会议通知及批复文件、室内外试验原始数据、样品样机及测试报告、影像资料、工程应用证明、论文论著、知识产权证书、指南标准）。

5.3.4.2　结题验收会

准备好结题验收材料，报请项目办召开结题验收会。由项目办邀请鉴定单位，课题组协助鉴定单位准备鉴定文件；由课题组邀请所属行业专家确定专家名单报项目办，项目办拟定会议通知（后附专家表），下发给参会单位；课题组将会议通知与结题材料提前报送专家预审。

会中，项目组汇报研究情况，陈述取得的创新成果；专家给予质询提问；课题组集中回答问题；形成专家鉴定（验收）意见表，并由专家组组长（或左右专家）签字。

会后，整理专家意见汇总处理表，修改报告及相关材料。

5.3.4.3　研究资料归档

课题组填写鉴定意见证书和验收意见通知书，报请鉴定单位审核盖章。取得签字盖章的鉴定意见证书和验收意见通知书后，将成套结题资料报送项目办备案，成套结题资料包括研究总报告、工作报告、查新报告、经济效益分析报告、财务报告、综合文件汇编（结题申请表、合同及任务书、研究大纲、各阶段会议通知及批复文件、室内外试验原始数据、样品样机及测试报告、影像资料、工程应用证明）、各阶段PPT、鉴定证书、验收意见通知书、成果登记证书。

5.3.5　核心研究结论

立项的16个科研项目，如期完成了各自的研究任务，超额完成了创新指标，下面进行归类总结。

5.3.5.1　桥梁抗风抗震

形成了完整的《高烈度复杂风场区特大跨径悬索桥施工方案》及配套的施工图、施工验算资料。在规定的工期内安全、高效地完成泸定大渡河特大跨径钢桁梁悬索桥施工（图5-2），为雅康高速公路总体工期目标的实现打下坚实的基础。丰富并完善了我国悬索桥施工技术的研究成果，为内地（尤其是高烈度复杂风场区）悬索桥施工提供重要的实施案例。

建立了较为完善的风-汽车-桥耦合振动分析模型，通过多参数系统动力分析明确了风-汽车-桥梁三者之间耦合机理。采用概率统计方法和可靠度理论，建立了风-车-桥系统响应的统计指标及安全性评价准则；开发了大风监测数据采集系统，发展适用于当地风场特性和交通需求的风速预测技术。建立桥梁运行管理风速限值数据库，发展行车预警技术。结合健康监测预警系统，研发了形成可指导交通运营的风速-车速联合预警平台，拟定相关的配套应急预案。缩短了同类工程有关风场时空特性、大风监测预测技术及大风防灾预警技术研究的周期，节约了重复开支，提高了经济效益，有助于推动我国大跨径缆索承重桥梁在深大峡谷复杂风场条件下建设技术的发展，提高跨越深大峡谷的大跨径缆索承重桥梁的抗风减灾水平，保障生命线工程的通行能力，保障人民群众生命财产安全。

图 5-2　泸定大渡河大桥施工情况

采用基于性能的抗震设计理论，针对高烈度地震区特大跨径悬索桥，提出波形钢腹板组合箱形横梁的理想横向连接方式；国内外首次以模型试验的方式对高烈度地震区大跨径悬索桥索塔与波形钢腹板横梁结合段的抗震性能进行了系统研究，填补了该领域试验研究的空白。

5.3.5.2　低温路面铺筑

综合运用化学工程和道路工程跨学科技术，提出沥青混合料温拌工艺的质量控制标准和方法。确定适用于高海拔低温条件下温拌沥青混合料技术，使之在环境温度低至0℃时也有很好的工作性。形成高海拔低温条件下温拌沥青路面铺筑工艺及质量控制技术体系，为高海拔藏族人民聚居地区域高速公路的沥青路面工程质量提供技术保障（图5-3）。

图 5-3　泸定大渡河大桥桥面铺装

5.3.5.3　节能减排

1）太阳能利用

雅康高速公路在太阳能利用方面科研攻关，实现了"4个首次"，利用自然减光技术实现隧道照明节能，降低照明设施规模10%以上；通过太阳能发电薄膜发电实现每座隧道年发电量40万kW·h以上；采用LED无级调光控制技术实现低交通流时段隧道内"车走灯熄"，使运营隧道照明能耗较传统控制方法节能40%以上。将自动储能发光材料用于藏族人民聚居地区域高速公路隧道辅助照明，每1km隧道年照明节电量达2000kW·h以上。这"4个首次"分别如下。

（1）首次对太阳能、自动储能发光材料、磁感应充电发光路面指引技术和瓷板无龙骨干挂技术进行隧道照明节能技术综合研究，全面系统地对藏族人民聚居地区域高速公路隧道的照明节能体系作出规划，指导藏族人民聚居地区域高速公路绿色交通建设。

（2）利用藏族人民聚居地区域高速公路的太阳能资源，首次将太阳能薄膜减光技术和磁感应充电发光指引技术应用于藏族人民聚居地区域高速公路隧道，为不同气候和天气下的隧道入口段的行车安全提出一种安全与节能的解决方案（图5-4）。

图 5-4　太阳能光伏遮光棚效果图

（3）首次形成自动储能发光材料（图5-5）、磁感应充电发光路面指引技术、瓷板无龙骨干挂技术与低度照明技术相结合的体现辅助照明作用的隧道节能化照明方案，并形成短隧道采用多种辅助照明方式实现行车安全的"低能耗"照明运营方案。

a) 涂装多功能蓄能发光涂料　　　　　　　　　b) 未涂装）

图 5-5　安乐隧道现场图

（4）首次将火灾报警系统中的分布式图像探测器的监测技术与LED无级调光技术相结合，实现在自动储能发光材料、磁感应充电发光路面指引技术等辅助照明方式作用下，形成低交通量状态下"车走灯熄、与车随行"的动态"低能耗"节能模式（图5-6）。

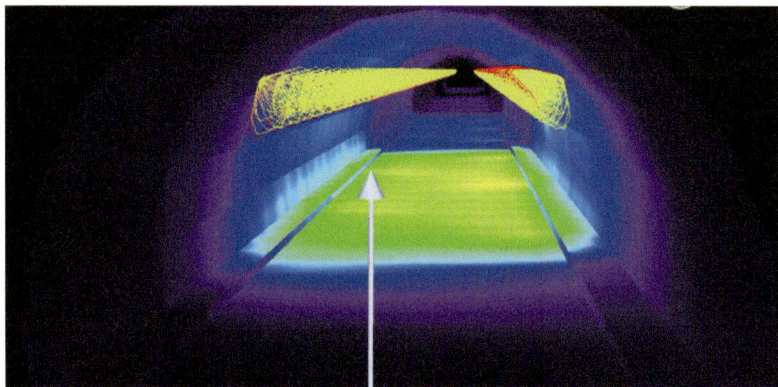

图 5-6　安乐隧道灯具布置三维示意图

2）风能利用

通过对隧道自然风的利用研究，提出了公路隧道自然风利用技术的适用范围与评价方法，指导二郎山隧道风能利用，达到安全、节能、舒适、环保的绿色通风效果，有效降低全寿命周期费用；形成了公路隧道自然风利用成套技术体系，实现自然通风与机械通风相辅相成的"低能耗"隧道通风节能模式，实现二郎山隧道通风系统节能15%以上（图5-7）。

图 5-7　二郎山隧道排风斜井顺利贯通出洞

3）智能电网

通过对消防水管的充分利用，在满足消防用水要求的前提下，充分利用其势能进行发电，提高高速公路投资的经济效益；利用高速公路沿线边坡、隧道仰坡及弃渣场、便道等土地资源，建设风力电站、太阳能光伏电站，使高速公路资产保值增值；建设智能电网，使高速公路"永临结合"电力线路形成的资产从单纯的固定资产变为能产生经济效益的活资产，降低高速公路运营成本；提出适应高速公路用电特点的智能电网调度平台。

实现了"3个首次"：首次将风电、光电、水电等清洁能源在一个调度平台上使用的方案设计；首次研究利用消防用水系统设计分布式微型水电站，用于高速公路建设及运营用电，降低运营成本；首次研发高速公路建设企业拥有的智能电网系统（图5-8）。

图 5-8 二郎山隧道小水电发电项目顺利发电

5.3.5.4 行车安全

（1）在隧道安全方面，开发了基于光流率、边缘率的高速公路长大隧道智能车速控制技术；开发了基于光流率、边缘率的高速公路长大隧道智能车距控制技术，提高了研究路段的运营安全水平，减少了交通事故造成的人员伤亡、财产损失以及交通阻塞，降低了运营成本。测试运营期安全风险平均车速降低5%以上，运营期内车速标准差降低10%以上，通车实施运营后特长隧道平交通事故主要统计指标同比低于国内山区高速公路平均水平。

（2）在长纵坡路段，提出了藏高原梯度带高速公路超长纵坡路段行车安全保障技术，提出了川藏高原梯度带高速公路特长隧道及隧道群行车安全保障技术，建立了高原梯度带高速公路高桥隧比超长纵坡路段行车安全风险检测平台和检测方法，使得川藏高原梯度带高速公路交通事故主要统计指标同比低于国内山区高速公路平均水平。川藏高原梯度带高速公路驾乘舒适性同比高于国内山区高速公路平均水平，提高了雅康高速公路的运营安全水平，减少了交通事故造成的人员伤亡、财产损失以及交通阻塞，降低了运营成本。

（3）在全线波形梁护栏方面，构建了波形梁钢护栏碰撞监测智能报警方法及软件信息平台（图5-9）；建立了四川省首个用于高速公路波形梁钢护栏碰撞监测报警系统；基于该智能报警系统实现对高速公路部分交通事故的智能识别，该系统一方面可以第一时间准确掌握在高速公路不同路段上的重大交通事故，从而及时有效地开展应急处理，另一方面通过常年的道路监控获得的交通事故发生的具体信息可以上传至高速公路交通的大数据平台，以分析交通事故的易发路段和时段，并可结合这些路段和时段的具体天气状况、气候信息形成综合预警报告，最终有效减少交通事故的发生。

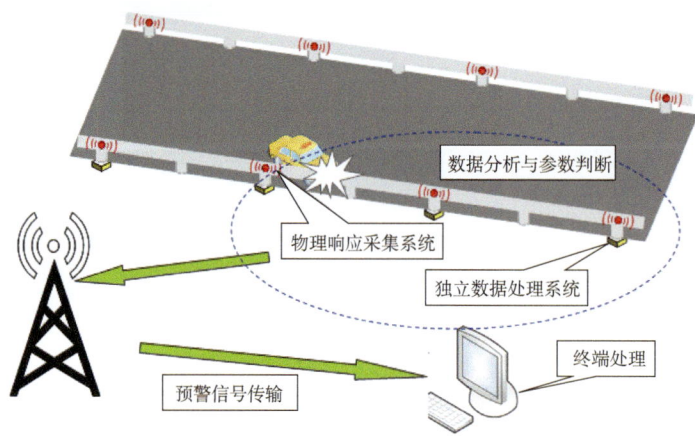

图5-9 护栏撞击智能报警系统实现示意图

5.3.5.5 生态环保

确定了地下水排放影响范围，提出了基于生态环境保护的隧道地下水排放量的确定方法，并针对依托工程（二郎山隧道、飞仙关隧道）提出具体的限量排放指标。明确了环境影响评价指标及其分级标准，对隧址区植物群落分布及生长特性变化、珍稀野生动物活动植被条件动态改变进行调查分析，并给出隧道建设对其影响的评价方法。结合二郎山隧道和飞仙关隧道环境特点，调查、测试、研究并提出了地下水变化规律及其对生态环境影响（图5-10）。

图 5-10　隧道地下水环境变化的生态敏感性分析研究成果预评审会

5.3.5.6　交旅融合

总结国内外公路旅游融合发展成功模式，提出了雅康高速公路旅游品牌定位建议，研究提出了雅康高速旅游融合总体实施方案。针对高速公路服务区等关键节点，以旅游服务功能拓展为目标，展开旅游服务群体分析，提出了关键服务节点、典型长桥大隧、临时用地等功能拓展研究。雅康高速公路充分拓展旅游、旅行途中的景观观赏功能，将惯常的旅行成本转变为旅游者的特殊旅行收益，减少旅游者在景区之间疲劳感受，增强驾乘和游览舒适体验，提升了雅康高速交通设施的服务品质，以及与地方景区的深度融合，探索交通企业升级转型，为国内旅游公路建设提供示范经验（图5-11）。

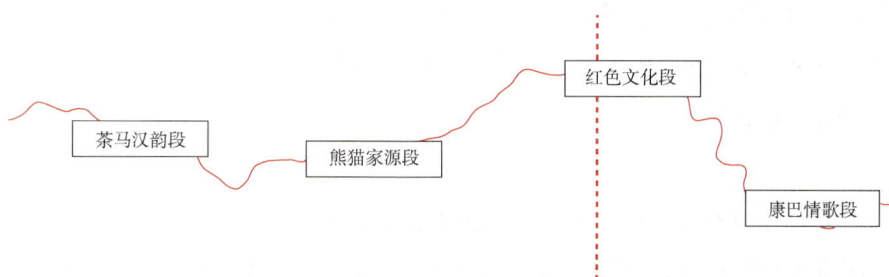

茶马汉韵段　　熊猫家源段　　红色文化段　　康巴情歌段

图 5- 11　景观分段示意图

5.4　成果总结

在雅康高速公路前瞻性的科技创新战略规划下，在循序渐进、各个击破的科技创新战术支持下，雅康高速公路在科技创新方面取得了优异的成果，产生了良好的经济、社会、环境效益。下面就创新成果与效益进行概括总结。

5.4.1 科研创新成就

在科研方面，将主要创新成就总结如下。

5.4.1.1 基于山岭隧道构造损伤分区的勘察技术

研发了基于山区隧道构造损伤分区的自然保护区综合勘察技术，结合保护区环保要求及大范围勘察的需求，在无验证钻孔条件下准确查明了隧道工程地质。根据隧道的构造特征，将隧址区划分为四个构造分区。构造分区将深孔布设在各个构造分区的结合部位，节约了深孔1500m/2个，便道约9.5km。二郎山隧道勘察设计阶段，利用基于隧道构造损伤分区的自然保护区综合勘察技术，在长达8.3km保护区内段落无验证钻孔的情况下，准确查明了隧道工程地质，同时避免了在外围保护区修建23km长的临时便道工程及破坏11.5万m²的生态植被，最大程度地保护了自然保护区内的生态环境，节约了勘察成本和工期。同时，也解决了自然保护区内复杂艰险山区长大深埋公路隧道地质条件无验证钻孔勘察技术难题。

5.4.1.2 超预期抗震设计方法

充分考虑断裂带的地震风险，借鉴"5·12"汶川大地震隧道震害加固的经验，为充分考虑复杂艰险山区超特长深埋隧道发生罕见地震风险，提出了复杂艰险山区超特长深埋隧道的超预期抗震设计理念与方法，隧道在穿越区域活动性断裂带内除设置减震层、多层支护等韧性措施外，经详细计算后将活动性断裂段隧道断面加大40cm，为震后加固预留空间，为罕遇地震后隧道的"快速抢通、快速加固"提供了保障，实现"大震不倒"和震后加固不降低隧道服务水平的目标，保证加固后不降低隧道的服务水平。图5-12所示为二郎山隧道施工。

5.4.1.3 斜井引水发电与自然节能风道

利用隧道斜井高差大，可以引水发电的节能设计理念，利用可再生能源用于隧道日常用电，解决了超特长公路隧道运营用电成本高的难题。康定端斜井井口位于五里沟上游支沟，斜井高差192m，将冲沟水引入斜井地下风机房进行发电，发电尾水通过隧道中央排水沟排出洞外，装机容量730kW，年发电量400万kW·h，可满足隧道照明用电需求。

充分利用二郎山隧道两端气候气象不同形成的气压差，在隧道内设置自然节能风道，建立了以自然风为动力的辅助通风节能技术体系，形成了以自然节能风道为辅助动力的超特长隧道通风节能系统（图5-13），有效减少了隧道运营通风所需电量，自然节能风道通风节能效率达15%，年节约210万kW·h。

图5-12 二郎山隧道施工

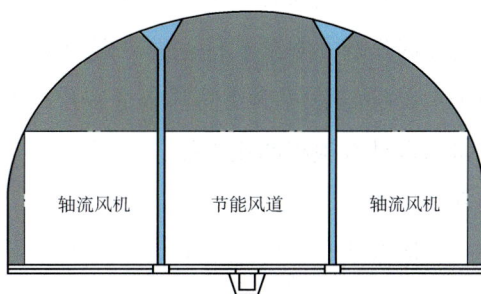

图5-13 自然风通风系统示意图

5.4.1.4 高烈度区特大跨径悬索桥抗震用屈服耗能构件

研制了用于高烈度区特大跨径悬索桥抗震用的屈服耗能构件，首次将波形钢腹板与混凝土顶底板的组合结构作为桥塔横梁，将混凝土自重等施工荷载交由横梁钢腹板承担，外支架仅考虑横梁钢腹板自重荷载和人群施工荷载，大大减少了支架系统的用钢量，支架工作量大大减少，节约了人工，缩短了工期。充分利用结构优点，既克服了混凝土横梁和钢横梁在抗震方面的不足，又简化了塔柱-横梁联结构造在地震来临时，波形钢腹板作为屈服构件，产生变形后增大桥塔阻尼，从而保证主塔及桥梁整个结构的使用安全，实现了主梁和桥塔在强震作用下易损构件的可修复性设计与工程应用。

首次将防屈曲钢支撑用作悬索桥的中央扣。大胆更新传统理念，在桥塔塔柱、桥塔横梁、中央扣、约束体系等环节均有关键技术创新，在强烈地震时，中央扣屈服耗能，从而保证主梁安全，解决高烈度地震区特大跨径桥梁抗震问题。图5-14所示为泸定大渡河大桥钢桁梁合龙。

图 5-14 泸定大渡河大桥钢桁梁合龙

5.4.1.5 适用于干热河谷地区桥面铺装的双层 SMA 铺筑技术

考虑到干热河谷气候可能带来的极端天气条件（紫外线强、温差大、风速高），采取增设同步碎石封层、优化沥青混合料配比设计、增加防风措施等综合措施，研发了适用于大跨径悬索桥钢桥面铺装的双层SMA铺筑技术，使得处于极端气候条件下大桥沥青路面也具有顶级路用性能，在耐久性、安全性、舒适性、美观性等方面均具有卓越的提升。

具体做法是，3.5cm+3.5cm双层SMA沥青路面铺筑受气候影响大，因此在防水层之上，增设同步碎石封层，保证桥面的层间结合。通过优化配合比设计保证沥青的骨架密实结构，从而提高了桥面的抗高温车辙能力和抗水损能力。桥面的紫外线强、瞬时风力大，这会对沥青路面的耐久性和抗疲劳性产生显著影响，在施工时增加了必要的遮挡措施与防风措施。

成果在大渡河大桥中成功应用。大渡河大桥为超大跨径悬索桥，加劲梁采用钢桁架混凝土叠合梁构造，即钢桥上吊装预制水泥混凝土板。加劲梁由于设计预留的沥青面层厚度仅为7cm，在经过多次评审和综合考虑路面的抗水损能力、抗剪能力和耐久性能后，最终确定的沥青面层结构为3.5cm改性沥青玛琋脂碎石SMA-13上面层+3.5cm改性沥青玛琋脂碎石SMA-13下面层。双层SMA沥青路面铺筑技术使得大渡河大桥具有顶级的路用性能，避免了大桥桥面铺装出现五年小补、十年大修的情况，解决了极端气候条件下超大跨径悬索桥桥面铺装的技术问题，提高了雅康高速公路的工程品质。

图5-15所示为泸定大渡河大桥连续梁引桥上面层铺筑试验，图5-16所示为温拌沥青混合料拌和现场。

图 5-15　泸定大渡河大桥前连续梁引桥上面层铺筑试验

a) 玛莲尼 3000 拌和站

b) 铲车铲料进升料仓 (铲车每斗 2m³)

c) 传送带输送集料

d) 往泄油池注入沥青并添加抗温拌剂

图 5-16　温拌沥青混合料拌和的现场情况

5.4.1.6　超长隧道及隧道群的行车舒适保证

二郎山隧道全部加铺沥青混凝土路面，大幅提高了行车舒适性以及安全性。同时，隧道照明设计充分考虑隧道长度、路面类型、公路线形、内饰、有无人行道、行车速度、交通流量和汽车种类等相关因素。在隧道光源光色、灯具选择、灯具排列布置等方面，二郎山隧道充分考虑驾驶人对交通安全视觉信息采集的特点，首次使用LED视觉动态照明系统，在隧道内营造良好的行车环境，舒缓驾乘人员心理压力，提高行车舒适度，进一步降低了行车安全风险。

5.4.2　技术应用成就

成果在"四新"技术推广应用方面效果显著，主要表现在以下几个方面。

5.4.2.1　交通转换通道与高位自流水消防水池

建成了融合车辆无障碍快速撤离、人员斜井辅助疏散以及消防用水储备为一体的消防救援系统，显著提升了隧道内消防救援的可靠性。首次设置了交通转换通道（图5-17），将隧道分为3段，长度分别为3486m+5250m+4670m，交通转换通道布设为

"八字"形，采用两车道断面，与主洞交角55°。转换带长度120m，左右两侧各加宽一个车道3.5m，为四车道断面。当其中隧道内一段发生事故或维修时，交通转换通道可使其余路段通行方式不受其影响，提高了左右洞交通转换能力及隧道防灾救援能力。

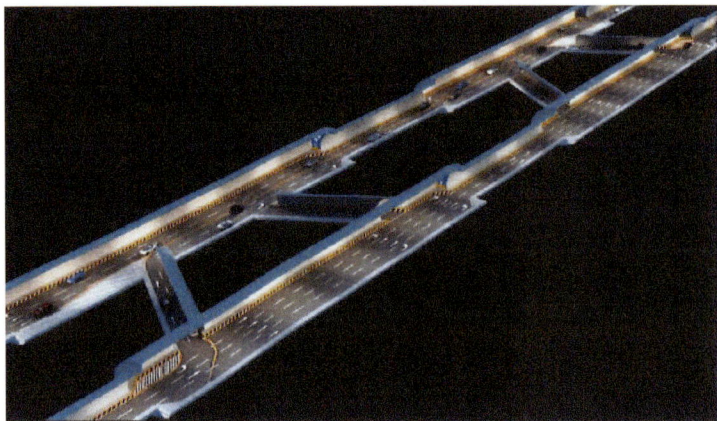

图5-17　二郎山超长深埋隧道"八字"形交通转换通道布设图

充分利用隧道内的斜井，可辅助事故发生时人员安全撤离和逃生。首次在隧道斜井内设置高位自流水消防水池，解决了传统洞外高位消防水池施工困难、养护难度大、冬季结冰可靠性差、需要大量抽水等技术难题，提升了山区超特长深埋隧道在紧急情况下快速消防的可靠性。

5.4.2.2　超特长深埋隧道的机械化施工综合配套技术

艰险山区超特长深埋隧道存在断层破碎带多、岩爆问题突出、瓦斯显著、施工中存在大变形以及高压突泥突水等灾害，针对以上突出问题研发了适用于艰险山区超特长深埋隧道的机械化施工综合配套技术，如双三臂凿岩台车+湿喷机械手喷射混凝土；配套的机械化设备，如自行式液压模板台车以及斜井中隔墙整体式模板台车等，解决了艰险山区超特长深埋隧道存在的断层破碎带多、岩爆突出等问题带来的施工难题，降低了安全隐患，保障了施工进度和质量，保障了施工人员的安全和健康。

1）长大隧道自由测站边角精密测量控制技术

基于传统长大隧道洞内平面控制测量具有多余观测量少、受旁折光影响大、点位难以保存、控制点使用困难和横向误差大等弊端，对提高隧道的横向贯通精度不利等问题，提出用自由测站边角交会网作为隧道洞内平面控制测量的新方法。标定洞内控制点的点对布设间距、高度、预埋件的加工尺寸检查技术指标以及棱镜常数。确定全站仪洞内自由测站边角测量的建站方式、测站搭接、测量作业方法以及洞口进洞联系边检查测量。

2）公路隧道机械化施工综合配套技术

（1）三臂凿岩台车+湿喷机械手施工技术。利用双三臂凿岩台车（图5-18）和湿喷机械手技术（图5-19），实现隧道开挖支护施工快速、安全和质量目标，最终顺利完成了施工任务。相对于传统的洞内控制测量方式，自由测站边角测量控制网增加多余观测量和约束条件，提高洞内控制网的整体强度，确保了洞内的横向贯通精度，精度增益在20%以上。液压三臂凿岩台车比风动凿岩机的凿岩速度快50%~150%，总体施工进度比人工开挖快25%；动力消耗仅为风动凿岩机的1/3~1/2，能量利用率达到30%~40%，可用于超前探孔、锚杆、超前小导管及注浆钻孔。钻孔噪声降低10~15dB，空气扰动小，安全性高。作业人员数量少，降低了安全风险。相对于传统干喷机，使用湿喷机械手，正常施工仅需2人，作业能力为20m³/h，施工准备及撤离更方便、更节约时间。混凝土由搅拌站严格按配合比生产，速凝剂添加智能控制，拌和均匀，混凝土强度稳定可靠。实现机械化作业，操作人员少，且处于相对安全的位置远程遥控操作，有效保障了人员的安全。采用湿喷后粉尘含量为15.2mg/m³，粉尘浓度降低了91%，改善了施工环境。

图5-18　三臂凿岩台车

图5-19　湿喷机械手

（2）自行式电缆沟槽模板台车。项目开发的自行式电缆沟槽模板台车（图5-20），利用该设备，解决了隧道电缆沟槽外观质量和施工进度的问题。采用该技术，施工成本节约预计271万元；显著提升了施工进度，月均达到双侧350m，仅19个月即完成了施工任务。在质量控制上，模板一次投入，重复使用，整体式模板台车，接缝严密、错台控制达标，提高了混凝土施工的外观质量。在安全管控上，整体式模板台车加固、支撑方便、作业半径小，不影响周围施工车辆运行，安全控制得当。在环保上，减少了混凝土掉落；没有斜撑，施工环境较好；电缆沟槽一次成型，减少了施工现场二次破坏。在社会效应上，施工现场环境整洁，外部单位检查或是社会参观，都形成良好的印象。

（3）斜井中隔墙模板台车。利用项目开发的斜井中隔墙模板台车（图5-21），解决了斜井中隔墙外观质量、施工进度及安全的问题，并满足了隧道施工"国九条"的规定。该新型斜井中隔墙模板台车能自动行走就位并自动脱模，机械化程度高，既保证了衬砌质量和施工安全，又加快了施工进度，使中隔墙施工全过程处于安全、稳定的可控状态，化解了中隔墙施工时存在的巨大安全风险，由于施工设备常规、配套技术成熟、人员组织简单，具有质量可控、工序简单的优点，因此，可大幅减少劳动力投入，极大地缩短了中隔墙的施工工期，避免了采用传统技术可能带来的生产事故，保障了施工安全。

图 5-20　电缆沟槽模板台车

图 5-21　斜井中隔墙模板台车

（4）隧道二次衬砌自动养护和水幕降尘技术。为满足特长高速公路隧道施工环境、进度、质量和安全目标，项目开发了隧道二次衬砌自动养护（图5-22）和水幕降尘技术（图5-23），保障了施工现场环境的整洁和施工人员的职业健康，并符合标准化施工要求。

图5-22　隧道二次衬砌自动养护

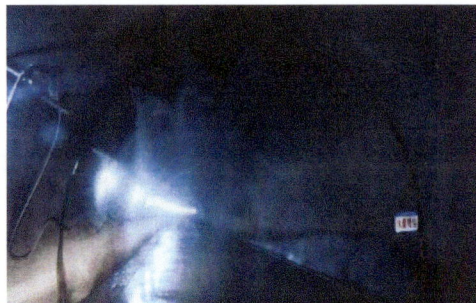

图5-23　水幕降尘技术

（5）信息化建设技术。根据实际管理情况开发的成本管理信息系统，解决了项目成本管理的相关难题，最终实现了项目的预期成本管控目标。采用自动瓦斯检测系统确保了隧道施工安全可控，最终顺利通过了瓦斯设防段，施工期间未发生一起安全事故。开发的成本管理信息系统，加强了项目管理质量，最终达到了项目的预期目标。

5.4.2.3 双轨道出渣系统

研发了一种超长、大倾角隧道式锚碇双轨道出渣施工的方法。此方法针主要针对于长度较短、断面积较小的隧道式锚碇。对于较长或超长隧道式锚碇，使用双轨道出渣施工方法比单轨道出渣施工方法所用时间短、效率高。特别是越长的、断面面积越大的隧道式锚碇更能体现其利用价值。

研发了一种用隧道横洞，实现超长、大倾角隧道式锚碇钢拉杆快速安装的系统和操作方法。其特征在于:具有多个纵向布置的台座，一半的台座用于安装一根半圆辅助钢管，它与台座相连且固定；台座的另一半用于放置穿管的钢拉杆外套钢管，并设置抱箍将钢拉杆外套钢管固定。实现了拉杆穿管的时间在3~5min之间，显著提高了穿管效率。能准确控制钢拉杆穿管过程中的穿入尺寸。系统解决了泸定大渡河大桥超长、大倾角、小空间隧道式锚碇出渣难、钢拉杆安装难等技术难题。实现了利用隧道横洞在超长、大倾角隧道式锚碇内能够将钢拉杆顺利和快速就位安装。提高安装效率，不容易发生安全事故。

研发了一种超长隧道式锚碇利用隧道横洞横向转运钢拉杆施工的方法。通过本发明能有效快速地使钢拉杆运输至安装区域，在这过程中其各环节施工效率得到了很大的提升，且利用隧道横洞缩短了运输至安装底部的距离，可增加其转运效率，节约成本。

5.4.2.4 基于多级挖方边坡的框架梁和锚固防护综合施工技术

采用北斗卫星定位技术实时监控连降暴雨后高位滑坡坡壁位移变化，设置钢管桩（抗滑桩）、联系梁、周界截水沟以保护山区复杂地形下多处房屋、高压铁塔等财产安全，通过准确计算，同步开展了滑坡体清方减载施工及滑坡壁外的多级挖方边坡的锚索、锚杆框架梁施工和锚固防护组合施工，在此基础上提出了多级挖方边坡滑坡体综合处置技术，如图5-24所示。

首先，通过在滑坡顶部设截水沟，分13级台阶逐级清理土石方，设置抗滑桩、

图5-24 大仁烟大桥右侧滑坡及加固处置

预应力锚索等锚固防护组合技术。发明了一种山区滑坡体的加固处置方法，解决了因连降暴雨导致的山体高位滑坡带来的系列灾害问题，保障了在建桥梁的施工安全和桥梁建成后的运营安全。

然后，通过采用基于多级挖方边坡锚固防护的高位滑坡综合处置施工技术（图5-25），

完成了路线中的高位滑坡体的灾害处置任务。处置过程中，未对邻近的既有京昆高速公路、青衣江造成任何影响，且保证了周围房屋、高压铁塔、天然气管道及电线杆的安全。高位滑坡处置后的效果良好，显著降低了线路运营安全风险，取得了良好的社会效益与经济效益，为类似的滑坡处置提供了技术支撑。

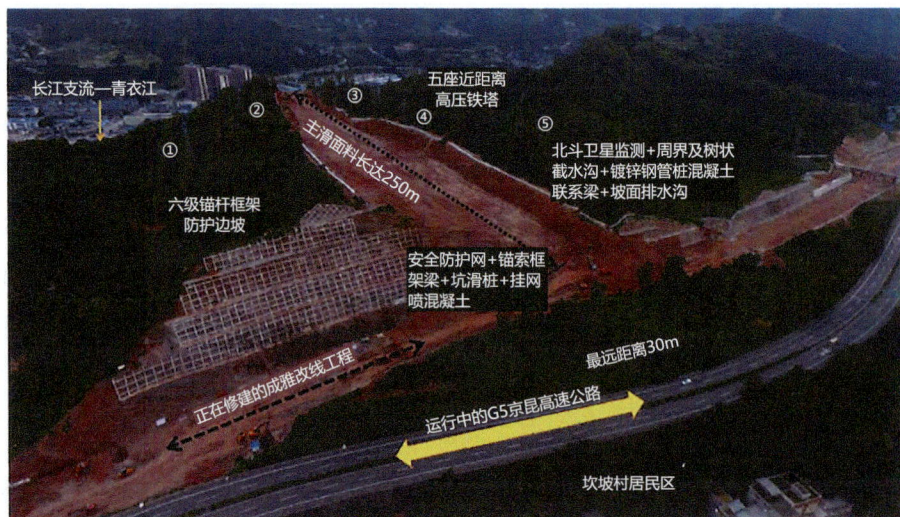

图5-25　滑坡及加固处置

通过采用高速公路边坡高位滑坡综合处置施工技术对雅康高速公路C5合同段成雅段改线GXK1+170~GXK1+310段右侧边坡高位滑坡灾害进行处置，安全、快捷、保质保量地完成了该次高位滑坡的处置任务。采用此处处置技术，还成功解决了大仁烟大桥23号及24号墩右侧突发山体滑坡的紧急处置任务。对高位滑坡体进行治理和加固处理后，可确保此段山体稳固，滑坡塌方不会再进一步发生，同时可确保高速公路建成后桥梁安全、运营安全。采用该技术，有效加固了大仁烟高位滑坡体，确保了大仁烟大桥重建作业中的安全，解决了艰险复杂山区连降暴雨后存在的高位滑坡风险问题，给雅康高速公路安全运营带来了可靠保证。

5.4.2.5　隧间梁上快速顶推及落梁系统

针对大杠山特长隧道与喇嘛山特长隧道间山高沟深没有可靠作业面的技术难题，创造性地研发了在两侧隧道内加工拼装顶推、梁上顶推等新技术，成功实现了山区隧间大跨度简支曲线钢箱梁的架设。

传统的落梁采用千斤顶+垫块，每次落梁20mm，根据本项目特点，落梁高度约4m，落梁大概需要10天。为满足工期需要，在确保安全、稳定的前提下，采用落梁门架+穿心千斤顶的新型工艺。根据隧道口实际情况，结合单片梁外形尺寸及质量，设计落梁门架,确保单片约280t的梁体稳定下落。对于单跨76m曲线顶推施工,若采用传统技术,在第二片单箱前端接导梁,后端加配重,将显著延长工期,增加成本。采用本项目提出的梁上滑梁工艺,第二片顶推时不再使用导梁和后端配重,结合设计的落梁门架系统,显著缩短了施工作业期、降低了工程成本。本技术提供的一种用于隧道内的落梁设备具有落梁稳定性好、安全可靠、落梁速度快、施工效率高的优点,解决了艰险山区隧间大跨径简支曲线钢箱梁顶推落梁施工难题,在雅康高速公路实际施工中得到成功应用。

5.4.2.6 二郎山隧道技术集成

二郎山隧道是全国首次设计有大断面多功能交通转换带、景观带和抗震扩大段(长260m)的隧道在施工过程中,建设者通过技术集成创新,成功解决了地下风机房网络洞室群(1条主洞、16条支洞)开挖支护、交通转换带大断面开挖支护、长大隧道反坡施工、岩爆瓦斯溢出等一系列技术难题。泸定端克服超长距离施工通风技术难题,独头掘进达到7333.6m,掘进长度居国内高速公路隧道之首。

5.4.2.7 基于北斗的高陡边坡安全监测

边坡安全检测方法大体可分为表面监测和内部监测两类。表面监测主要对边坡的外部变形进行监测,如边坡的表面位移以及沉降。内部监测主要对边坡内部变形进行监测,例如内部位移、水位变化、应力变化等。雅康高速公路全线利用科技手段,提高安全管控能力。结合沿线地质灾害排查情况,投入资金约450万元,共在72个点位安装北斗高精度地灾监测预警系统作为监测点,为项目的建设提供准确的施工数据,并且为项目后期运营提供足够的监测数据保障,防范可能存在的灾害。北斗高精度地灾监测预警监测点如图5-26所示。

图5-26 北斗高精度地灾监测预警监测点

5.4.2.8 大型枢纽互通施工安全保证

复合式互通立交在国内高速公路上尚不多见，往往是因条件受限而形成的，复合式立交方案也多是互通立交专业设计的难点。

对岩枢纽互通立交（图5-27）为四川省内在建最大规模枢纽互通，全长5km，连接成雅、雅西高速公路，是一座上下4层、8条匝道，由8万m³混凝土浇筑而成的桥梁，工程量较为集中，且该互通立交4次跨越运营高速公路、18次跨越G108线，安全风险极大。项目单位组织施工、监理、设计等单位超前谋划、反复论证、优化施工组织方案，完善大跨径钢箱梁（65m、600t）顶推跨越运营高速公路的施工工艺和安全措施以及应急预案，安全优质完成建设任务。

图5-27 对岩枢纽互通立交

5.4.2.9　桥隧混凝土施工工艺集成

采取了隧道整体式双侧壁电缆沟移动式模架、自行式液压防护棚架、隧道施工用移动式发电机组等新设备；应用了水压爆破、巷道式通风+射流式水幕降尘、结构物二维码实名制、智能架桥机、雅康项目桥梁混凝土护栏和桥面铺装施工工艺指南等新技术、新工艺。保证混凝土的施工质量对整个工程的安全性、耐久性，在混凝土施工过程中，施工工艺对其性能的影响尤为显著。

5.4.3　知识产权获得情况

自立项至今，雅康高速公路共计获得国家专利58项（表5-2），软件著作权5项（表5-3），出版专著5部（表5-4），发表论文66篇。

获得的国家专利一览表

表 5-2

序号	专利名称	专利号	专利类型	专利权人	授权时间
1	一种超长大倾角隧道锚大吨位散索鞍下滑及安装系统	ZL2019 2 0582059.4	实用新型	四川路桥华东建设有限责任公司	2019 年 12 月 24 日
2	钢桁梁安装过程上弦通道可拆卸安全防护装置	ZL2019 2 0584296.4	实用新型	四川路桥华东建设有限责任公司	2019 年 12 月 24 日
3	高塔横梁钢腹板施工中的安全防护装置	ZL2019 2 0581850.3	实用新型	四川路桥华东建设有限责任公司	2020 年 1 月 3 日
4	适用于悬索桥钢结构桥面系的吊装系统	ZL2019 2 0583880.8	实用新型	四川路桥华东建设有限责任公司	2020 年 1 月 31 日
5	一种超长隧道式锚碇利用隧道式锚碇横洞横向转运钢拉杆施工的方法	ZL2016 1 0452455.6	发明专利	四川路桥华东建设有限责任公司	2017 年 11 月 7 日
6	一种利用特制夹具使悬索桥隧道式锚碇内主缆索股快速就位的施工方法	ZL2017 1 0479900.2	发明专利	四川路桥华东建设有限责任公司	2019 年 2 月 15 日
7	一种实现超长、大倾角隧道式锚碇钢拉杆快速安装系统和操作方法	ZL2016 1 0452454.1	发明专利	四川路桥华东建设有限责任公司	2016 年 6 月 22 日
8	一种超长、大倾角隧道式锚碇上台阶爆破开挖法	ZL2016 1 0452471.5	发明专利	四川路桥华东建设有限责任公司	2018 年 3 月 27 日
9	一种实现超长钢拉杆快速穿管的简易装置及其操作方法	ZL2016 1 0430866.5	发明专利	四川路桥华东建设有限责任公司	2017 年 12 月 15 日
10	一种横梁波形钢腹板快速、安全安装且有效抗风的装置	ZL2019 2 0582072.X	实用新型	四川路桥华东建设有限责任公司	2020 年 1 月 31 日
11	一种适用于有高精度要求的预埋螺栓快速定位的系统	ZL2019 2 0581866.4	实用新型	四川路桥华东建设有限责任公司	2020 年 1 月 31 日
12	悬索桥主缆牵引安装过程散索鞍斜面临边安全防护装置	ZL2019 2 0581860.7	实用新型	四川路桥华东建设有限责任公司	2020 年 1 月 31 日
13	一种悬索桥主缆索股二次牵引进入隧道锚的施工方法	ZL2017 1 0480230.6	发明专利	四川路桥华东建设有限责任公司	2018 年 12 月 18 日
14	一种实现超长隧道锚窄空间一次牵引到位的施工系统	ZL2019 2 0581818.5	实用新型	四川路桥华东建设有限责任公司	2020 年 1 月 31 日

序号	专利名称	专利号	专利类型	专利权人	授权时间
15	用于大变形地层的隧道支护结构的施工工法	Z1.2013 1 0491598.4	发明专利	四川省交通运输厅公路规划勘察设计研究院	2016 年 3 月 16 日
16	公路隧道施工通风结构及其通风量控制方法	ZL2015 1 0304502.8	发明专利	四川省交通运输厅公路规划勘察设计研究院	2017 年 3 月 15 日
17	用于瓦斯隧道的隧道结构	ZL2015 1 0153154.9	发明专利	四川省交通运输厅公路规划勘察设计研究院	2017 年 10 月 17 日
18	具有发电功能的隧道构造	ZL2018 2 0356682.3	实用新型	四川省交通运输厅公路规划勘察设计研究院	2018 年 10 月 19 日
19	一种隧道内利用斜井水势能的自发电系统	ZL2018 2 0893714.3	实用新型	中铁十二局集团有限公司等	2018 年 12 月 21 日
20	长大隧道节能通风井	ZL2015 2 0972882.8	实用新型	四川省交通运输厅公路规划勘察设计研究院	2016 年 4 月 6 日
21	用于穿越涌水断裂带的隧道通风井	ZL2018 2 0358326.5	实用新型	四川省交通运输厅公路规划勘察设计研究院	2018 年 10 月 19 日
22	隧道中央排水沟无损检测构造	ZL2017 2 1035740.4	实用新型	四川省交通运输厅公路规划勘察设计研究院	2018 年 3 月 16 日
23	一种隧道初期支护结构	ZL2017 2 1035530.5	实用新型	四川省交通运输厅公路规划勘察设计研究院	2018 年 3 月 16 日
24	隧道抗水压衬砌段的限压排水系统	ZL2017 2 1708018.2	实用新型	四川省交通运输厅公路规划勘察设计研究院	2018 年 6 月 19 日
25	隧道开挖限压排放止水墙	ZL2017 2 1611411.X	实用新型	四川省交通运输厅公路规划勘察设计研究院	2018 年 6 月 8 日
26	隧道富水段分区防水系统	ZL2017 2 1704841.6	实用新型	四川省交通运输厅公路规划勘察设计研究院	2018 年 6 月 19 日
27	隧道排水结构	ZL2018 2 0565079.6	实用新型	四川省交通运输厅公路规划勘察设计研究院	2018 年 11 月 9 日
28	隧道排水系统	ZL2018 2 0564513.9	实用新型	四川省交通运输厅公路规划勘察设计研究院	2018 年 11 月 9 日
29	隧道储排水减压构造及跨越软岩地段的隧道结构	ZL2019 2 0116693.9	实用新型	四川省交通运输厅公路规划勘察设计研究院	2019 年 9 月 3 日
30	隧道纵向排水管固定结构	Z1.2019 2 0029915.3	实用新型	四川省公路规划勘察设计研究院有限公司	2019 年 9 月 10 日
31	瓦斯隧道钢架锁脚结构	ZL 2018 2 2183836.6	实用新型	四川省公路规划勘察设计研究院有限公司	2019 年 8 月 6 日
32	可拆卸式瓦斯隧道钢架安装结构	ZL2018 2 2194018.6	实用新型	四川省公路规划勘察设计研究院有限公司	2019 年 8 月 6 日
33	隧道水幕降尘系统	ZL2017 2 1654252.1	实用新型	中铁十二局集团有限公司等	2018 年 6 月 1 日
34	隧道车载多功能台架	ZL2017 2 1654253.6	实用新型	中铁十二局集团有限公司等	2018 年 6 月 1 日
35	一种轨道限位装置	ZL2018 2 0300629.1	实用新型	中铁十二局集团有限公司等	2018 年 9 月 28 日
36	隧道开挖台车防护棚架	ZL2016 2 0557691.X	实用新型	中铁十二局集团有限公司等	2016 年 11 月 30 日

序号	专利名称	专利号	专利类型	专利权人	授权时间
37	一种台车防倾覆支撑工具	ZL2017 2 1276775.7	实用新型	中铁十二局集团有限公司等	2018 年 4 月 3 日
38	隧道内紧急避险车道	ZL2017 2 1212936.6	实用新型	中铁十二局集团有限公司等	2018 年 4 月 17 日
39	隧道液压防护台车	ZL2016 2 1213719.4	实用新型	中铁十二局集团有限公司等	2017 年 6 月 9 日
40	一种隧道多规格格栅钢架加工装置	ZL2018 2 0893732.1	实用新型	中铁十二局集团有限公司等	2018 年 12 月 21 日
41	实现大吨位钢桁梁节段纵向平稳移动的装置	ZL2019 2 0554546.6	实用新型	四川公路桥梁建设集团有限公司	2020 年 3 月 10 日
42	公路隧道施工通风结构	ZL2015 2 0379080.X	实用新型	四川省交通运输厅公路规划勘察设计研究院	2015 年 12 月 30 日
43	用于瓦斯隧道的隧道结构	ZL2015 2 0194282.3	实用新型	四川省交通运输厅公路规划勘察设计研究院	2015 年 8 月 19 日
44	隧间大跨径钢箱梁安装用滑轨结构	ZL2019 2 0478346.0	实用新型	四川路桥华东建设有限责任公司	2020 年 4 月 10 日
45	一种超大倾角窄空间隧道锚散索鞍门架系统	ZL2019 2 0581819.X	实用新型	四川路桥华东建设有限责任公司	2020 年 3 月 24 日
46	一种适用于高塔钢混结合横梁钢结构安装的弱支架系统	ZL2019 2 0582071.5	实用新型	四川路桥华东建设有限责任公司	2020 年 3 月 24 日
47	一种用于隧道内的落梁设备	ZL2019 2 0478340.3	实用新型	四川雅康高速公路有限责任公司	2020 年 2 月 11 日
48	用于隧道内的落梁调平装置	ZL2016 2 0557691.X	实用新型	四川雅康高速公路有限责任公司	2016 年 11 月 30 日
49	电缆沟槽模板台车	ZL2015 2 0684511.X	实用新型	中铁隧道股份有限公司	2015 年 3 月 13 日
50	基于临时支护体系的车行横洞与隧道正洞交叉处施工方法	ZL2017 I 1314252.1	发明专利	中铁二十局集团第二工程有限公司	2019 年 3 月 5 日
51	一种碎裂围岩隧道边墙临时加固结构	ZL2017 2 1212729.0	实用新型	中铁二十局集团第二工程有限公司	2018 年 4 月 3 日
52	用于剪力销上的砂桶定位装置	ZL2015 1 0486585.7	发明专利	中交第一公路工程局有限公司、中交一公局海威工程建设有限公司	2017 年 3 月 22 日
53	一种桥梁变截面高墩可调式模板	ZL2015 2 0773321.5	实用新型	中交第四公路工程局有限公司	2016 年 2 月 10 日
54	超长大倾角隧道式锚碇主缆牵引系统转换调节装置	ZL2016 2 0554964.1	实用新型	四川公路桥梁建设集团有限公司	2020 年 3 月 10 日
55	用于桥梁变截面空心墩施工的可调式内模板	ZL2016 2 0046033.4	实用新型	中交第四公路工程局有限公司	2016 年 8 月 31 日
56	一种钢筋端头打磨铣平机	ZL2016 2 0685629.9	实用新型	中交第四公路工程局有限公司	2016 年 12 月 7 日
57	一种预应力钢绞线梳编及穿束一体化装置	ZL2016 2 1400107.6	实用新型	中交第四公路工程局有限公司	2017 年 7 月 7 日

续上表

序号	专 利 名 称	专利号	专利类型	专利权人	授权时间
58	一种预应力钢绞线穿束机的防打滑压轮	ZL2017 2 0967948.3	实用新型	中交第四公路工程局有限公司	2018 年 3 月 13 日

获得的软件著作权　　　　　　　　　表 5-3

序号	获奖项目名称	获得年份（年）	获 得 单 位	授予机构
1	工程项目全面预算成本分析管理系统	2016	中铁隧道股份有限公司	国家版权局
2	公路隧道结构绘图软件	2018	四川省公路规划勘察设计研究院有限公司	国家版权局
3	Excel 表格自动分页软件	2018	四川省公路规划勘察设计研究院有限公司	国家版权局
4	波形梁钢护栏碰撞检测系统 V1.0	2018	四川雅康高速公路有限责任公司	国家版权局
5	隧道全自动结构计算软件 V2.0	2018	四川省公路规划勘察设计研究院有限公司	国家版权局

出版的专著一览表　　　　　　　　　表 5-4

序号	专 著 名 称	出版年份（年）	参 编 单 位	出 版 社
1	公路瓦斯隧道设计与施工技术指南	2011	四川省交通运输厅公路规划勘察设计研究院有限公司	人民交通出版社
2	隧道抗震与减震	2012	四川省公路规划勘察设计研究院有限公司	科学出版社
3	公路隧道通风节能技术及地下风机房设计	2012	四川省公路规划勘察设计研究院有限公司	人民交通出版社
4	公路隧道结构计算改进探索与工程实践	2018	四川雅康高速公路公司四川公路桥梁建设集团有限公司	人民交通出版社股份有限公司
5	川西高原公路隧道设计与施工技术指南	2019	四川省公路规划勘察设计研究院有限公司	科学出版社

第6章
打造品质工程

　　雅康高速公路项目建设任务艰巨，使命光荣、责任重大。通过多年的建设努力，克服了极其复杂的地形条件、地质条件、气候条件、施工环境、生态环境五大难点，努力攀登工程界的"珠穆朗玛峰"。雅康公司始终坚持执行合同、规范行为，精细管理、强化控制的"一个机制"，不断提高项目建设管理与工程实体质量水平这"两个水平"，重点有效突破好与快、点与面、工程建设与要素保障的"三大矛盾"，全面完成四项目标，认真落实五项措施，严格按照基本建设程序，工程建设招投标、质量、进度、安全、投资、环水保均处于受控状态。

6.1　质量管理

6.1.1　质量管理原则与目标

　　雅康高速公路建设质量管理的基本原则为执行制度、规范行为、精细管理、强化控制。在建设过程中，雅康高速公路围绕质量目标，坚持质量第一、预防为主、以人控制为核心，进行全方位控制、全面推行工程质量管理责任制。各参建单位的工程项目负责人，对本单位工程项目现场的质量工作负直接领导责任；各参建单位的工程技术负责人，对本单位工程项目现场的质量工作负工程技术方面责任；具体工作人员为质量直接责任人。雅康公司要求各参建单位将工程质量责任落实到人，层层签订质量责任书，各司其职，各负其责，切实做到"层层有人管，事事有人抓"。

雅康高速公路建设质量目标为工程总体质量达到交工验收合格、竣工验收优良的标准，分项工程优良率达100%；对高填土下沉、软土地基超限沉陷、沥青路面早期破损、水泥路面断板开裂、路面不平整和桥头跳车、隧道衬砌渗水、防护工程和小型构造物表面粗糙、预应力结构管道压浆不实等通病制定预控措施，努力减少以上现象的发生；杜绝较大、重大质量事故发生，及时处理好质量问题及一般质量事故，不留质量隐患。

雅康高速公路项目自开工以来紧紧围绕创建"国家级安全生产标准化工地"的目标，开工仪式如图6-1所示。雅康高速公路项目全过程以高标准要求开展各项建设工作，编制创建工作实施方案并抓好落实。开工后，严格执行安全文明施工标准和施工规范要求，精心组织施工，加强过程管控，用"标准化、精细化、动态化、信息化"管理，从严从实树立公司品牌形象。

图6-1 雅康高速公路开工仪式

6.1.2 质量管理体系

雅康高速公路工程质量实行公司管理、监理和试验检测单位控制、设计单位保证、施工单位负责和政府主管部门监督相结合的质量管理体系。雅康公司对工程质量管理负总责，勘察设计单位对勘察设计质量负主体责任，施工单位对施工质量负主体责任，监理单位严格履行现场监理责任。

项目质量管理体系可分为三个层次，雅康公司为第一层次，主要负责项目质量计划的编制、设计监理及施工单位在本项目上质量体系的建立、人员设备及材料的控制、质量管理办法的制定落实及检查验收、关键工程实施方案的研讨等控制性工作。监理单位为第二层次，代表业主对工程实现全过程管理，充分理解业主关于工程质量的意图及各种规范的要求并认真执行。施工单位作为第三层次，根据单位自身情况及工地实际情况建立自己的质量管理体系，制定切实可行的质量管理办法及操作规程，制定详细的作业指导书，做好工程项目的自检、互检及交接检。

雅康公司牵头成立项目质量领导小组（以下简称"质量领导小组"），组长由雅康公司董事长担任，副组长由雅康公司总经理和分管领导担任，成员由雅康公司部门、代表处负责人、各总监办总监、设计代表处、各监理实验室和各项目经理部的负责人组成。质量领导小组负责组织工程项目质量管理工作，督促各参建单位建立健全质量保证体系并确保正常运转，认真执行年度、半年度、季度工程质量检查制度，并接受政府主管部门的监督，确保建设质量全过程受控，实现项目整体质量目标。

雅康公司内设工程建设部（安全生产办公室），专职管理工程质量。公司依照有关公路工程建设的法律、法规、规章、技术标准、规范和合同文件，组织进行设计、施工、监理、试验检测、关键设备及重要材料采购。开工前组织完成设计、招标等项目前期工作，进行设计交底；施工中组织对工程质量进行检查控制，对参建单位的质量管理行为进行管理，对现场施工工艺以及工程实体质量控制、质量保证资料整理归档进行管理；加强信息化建设，对重要工点、控制性工程进行实时监控；工程完工后及时组织交工验收，并做好竣工验收的准备工作。

6.1.3　"四化建设"机制

雅康高速公路坚持标准化、精细化、动态化、信息化"四化建设"，执行合同、规范行为、精细管理、强化控制，确保工程质量优质推进。

二郎山隧道施工过程中克服了洞口岩堆体施工、浅埋段岩爆等不良地质现象，泸定端独头掘进达到7333.6m，居国内高速公路隧道第一。建设过程中未发生一起质量安全事故，关键节点相比合同工期提前约18个月。"川藏第一桥"主跨1100m泸定大渡河大桥，其桥位处海拔高1817m，全桥混凝土用量大（达29万m³）；全桥用钢量大（达6.2万t）；重力式锚碇混凝土体积大、混凝土方量达9.1万m³，大体积混凝土温差裂纹控制难度大；隧道式锚碇长度大，是世界第一长隧道式锚碇，长度为159m，超长隧道式锚碇施工技术复杂。主墩索塔高、高度为188m，其大渡河水面至塔顶高364m，且地震烈度高，高原风大、高塔施工风险高。

二郎山隧道、泸定大渡河特大桥的施工，主要采取了以下管理手段及技术措施：

（1）采用标准化的场站建设。钢筋加工工厂化、混凝土拌和集中化、小型预制构件标准化。

（2）提高施工工艺标准化。在施工过程中，不断总结提高施工工艺标准化，成功解决了地下风机房网络洞室群开挖支护、交通转换带大断面开挖支护、长大隧道反坡施工、岩爆瓦斯溢出等一系列技术难题。

（3）通过科技创新，研制新设备，采取新技术、新工艺攻克难题。研制了整体式双侧壁电缆沟移动式模架、自行式液压防护棚架等新设备，采取了水压爆破、巷道式通风+射流式水幕降尘等新技术、新工艺，攻克了高埋深强烈岩爆、特长隧道爆破粉尘污染、特长隧道掌子面作业通风等多项技术难题，充分展示了雅康高速公路"不畏艰险、勇攀高峰"的"新二郎山"精神。

6.1.3.1 标准化管理

雅康公司通过开展高速公路施工标准化活动，建立科学系统的施工标准化体系，将标准化要求贯穿工程施工各个环节，促进规章制度更加完善，现场管理更加规范，人员技能更加精湛，材料加工、施工工艺更加精细，试验检测更加可靠，从业单位和从业人员标准化意识明显增强，工程质量、安全水平进一步提高，实现从业人员一流、管理水平一流、材料制备一流、施工工艺一流、作业环境一流、建设成果一流。

雅康高速公路的标准化管理包括工地标准化（图6-2）、施工标准化（图6-3）和管理标准化，是对管理行为的管理、对施工工艺的管理、对工地建设的管理和对施工过程的管理等待。

a) 项目部

b) 实验室

c) 档案室

d) 视频监控室

图 6-2　标准化建设

a) 钢筋机械连接　　b) 机械加工钢筋　　c) 钢筋保护层混凝土垫块　　d) 预制T梁钢筋定位架

e) 智能张拉　　f) 智能循环压浆　　g) 喷淋养生　　h) 蒸汽养生

图 6-3　施工标准化

　　工地标准化主要包括驻地和施工现场的标准化。根据标准化要求建设施工、监理驻地、实验室和施工便道，改善生产生活环境，提高施工管理效率。大力开展梁板预制场、水泥混凝土拌和站、沥青混凝土拌和站、钢筋加工场、梁板预制场等场站建设。设计单位会同业主、技术咨询单位根据各标段主要工程数量、工期要求、施工能力、材料运输等关键因素统筹规划场站设置的位置、数量及规模，并纳入施工图中进行标准化设计。累计建设标准化水泥混凝土拌和站33个、沥青混凝土拌和站6个、钢筋加工场22个、梁板预制场20个、小型构件加工场3个。按照标准化要求建设各类拌和站、预制加工场地和材料存放场地，实现混合料集中拌和，钢筋随时集中加工，构件集中预制，充分发挥集约化施工的优势，规范施工现场管理，保证工程质量。重点规范材料堆放管理，堆料场材料分类、分级堆码，各种材料设置浆砌条石或水泥混凝土隔墙和玻璃钢材料标示箱，以防止集料窜料。粗、细集料（4.75mm以下）的材料均需设置钢架防雨篷；水稳冷料按5级，沥青混凝土热料按6级进行堆放并搭设彩钢棚进行覆盖等标准化要求。同时，建场相关内容在工程量清单中单独报价，现场收方核实，标准计量，据实支付。按照标准化要求规范施工现场安全防护设施、安全标识和其他各类临时设施设置，消除隐患，文明施工。

　　施工标准化结合实际情况，可细化路基、路面、桥涵、隧道、绿化、防护、交通安全和机电等各项工程的施工标准化要求。其实质在于严格以上工程施工过程管理，规范标准试验和质量检验方法，加强关键工序的过程控制，做到完全按照质量检验评定标准执行，使检测数据真实可靠，确保工程各项指标抽检合格率达到规范要求，切实提高工程实体质量。

　　雅康公司的管理标准化包括对人的管理和对事的管理。雅康公司严格要求各参建单位执行公路建设法律法规和强制性标准，在工程管理中查找薄弱环节，健全管理制度，优化管理流程，把技术标准、管理标准、作业标准落实到施工全过程，实现工程进度合理均衡，节能环保措施到位，档案资料收集齐全、整理规范。

6.1.3.2 精细化管理

精细化管理的本质要求是重细节、重过程、重落实、重质量、重效果，细节决定成败、精细决定品质，要求在每一个细节上精益求精、力争最佳。项目建设精细化管理，是对涉及本项目工程建设管理的各种因素实施全过程、全方位无缝隙的管理，形成"管理精细化到实施精细化再到工程精细化"一环扣一环的管理链。

雅康公司牢固树立"细节决定成败、精细决定品质"的思想，重点抓好"三个一"：认真用好每一个人、认真做好每一件事，认真抓好每一天，努力形成"管理精细化到实施精细化再到工程精细化"的管理链。严格遵守技术规范与操作规程，抓住关键环节，执行施工工艺，保证施工安全，努力克服工程质量通病。

本项目无论是在建设初期的场建还是土建施工以及后续各项工程施工中均大力推行精细化管理，要求参建各方以分项工程为基本单元，严格遵守技术规范与操作规程，抓住关键环节，执行施工工艺，保证施工安全，克服细部质量缺陷，直至达到"零缺陷"的最终目标。同时，严格执行精细化管理细则和考核办法，加强检查与考核。通过实施精细化管理，雅康高速公路雅泸段工程项目按期竣工、施工安全、造价受控、生态和谐、干部优秀，确保项目达成"优质工程、生态工程、和谐工程、廉洁工程"的建设目标。并举办雅康项目"全面精细管理 提升实体质量"阶段性劳动竞赛，通过精细管理，进一步提升项目工程实体质量（图6-4）。

图 6-4 "全面精细管理 提升实体质量"阶段性劳动竞赛表彰会

在施工方面，坚持梁板集中预制、钢筋集中加工、碎石集中轧制、混凝土集中拌和"4个集中"施工，如图6-5所示；持续推行钢筋机械加工、梁板智能张拉、循环压浆、喷淋养生、蒸汽养生，外购混凝土垫块等标准化工艺；推行三臂凿岩台车、湿喷机械手、电缆沟移动模板等机械化施工方法；加强重要工点视频监控管理工作和试验数据实时上传系统管理工作，努力提高项目信息化管理水平；总结并推广三背回填、挡防排水、防撞护栏、桥面铺装、隧道电缆沟、路面、绿化、交安等样板工程，坚持重点结构物工程实名制，推广应用二维码实名制。

a) 钢筋集中加工

b) 原材料集中分级堆放

c) 混凝土集中拌和

d) 混凝土梁板集中预制

图 6-5 "4个集中"施工

6.1.3.3 动态化管理

雅康公司坚持全过程动态设计理念。在项目建设前期，藏高公司建立了设计单位与要件编制、审批单位的协调工作机制，积极争取有利政策，力争提前取得批复。勘察阶段，藏高公司利用投建一体化模式优势，建立设计与施工单位的深度融合工作机制，将施工经验与设计有机结合，提升设计深度与质量。在建设阶段，藏高公司确保了参建各方形成全员参与设计思想，形成多方联动机制，并根据施工监测数据、超前地质预报等信息进行系统分析，及时准确动态调整设计方案，确保项目建设全过程的合理、高效和安全。

雅康公司坚持规范质量动态控制，确保工程质量优良。认真组织开展混凝土质量通病实验室检测数据打假、监理人员讲责任、监理企业树新风等专项活动，先后组织进行了路基、桥梁、三背回填、隧道、隧道仰拱、原材料、路面、交安、机电、房建、环

水保等专项检查。以各项活动为载体，发现、解决现场质量问题，提升工程质量。督促各施工单位切实做好现场质量检查资料与质量验收资料的归纳收集工作，及时将材料及工程质量的检验报告报送监理审签，定期定点定人采集整理工程施工进展的照片、录像和信息。多次组织内业资料专项检查以及不定期对内业资料进行抽查，同时检查各单位档案标准化管理工作的开展情况。重点要求内业资料与工程实体的同步性、资料的规范性和真实性，同时通过内业资料检查发现现场实体工程的质量问题并及时解决，内外结合，有效控制工程质量。组织检测单位或第三方咨询单位及时完成桥梁、隧道、路基、路面工程施工专项监控量测工作，对结果进行分析评价，并纳入每周工程报告。同时，组织专家针对桥梁、隧道、路面等工程进行咨询。

项目建设期间广泛接受政府监督，多次接受交通运输部、四川省交通运输厅、厅质监局、雅安市质监站、甘孜藏族自治州质监局、交投集团、藏高公司有关领导的检查，针对检查中发现的问题认真组织抓紧落实、整改，并及时反馈。

6.1.3.4　信息化管理

在计算机信息时代的市场经济条件下，互联网的出现极大地提高了人们获取信息的效率，实现了信息资源的共享。公路工程的生存空间、发展空间都不能脱离信息网络而发展，随着计算机网络、信息技术的快速发展和在工程管理方面的推广应用，计算机信息技术普遍用于公路工程的各种信息的收集、控制和应用等过程。

雅康公司建立项目管理系统平台，将质量、安全、环水保、进度等集成一体，统一管理。提高信息化水平，深入应用"高速云"平台，推进项目管理系统与物联网、互联网、大数据等信息技术的深度融合，进一步提升质量安全和环保水过程管控效率。采用现场视频监控系统等方式，通过采集、上传、集中统一分析和控制等流程，实现对施工重要环节、重要工序的实时监控，实时记录参建各方工作痕迹，有效保证了混合料级配稳定、用油量足够，确保了源头质量；对沥青混凝土前场摊铺、碾压的温度、速度实现定量信息化管控，组织专家和专业技术咨询单位定期现场检查咨询，有效保证了过程施工质量。建立质量、安全、环水保管理预警体系，努力降低管理成本，缩短建设工期，控制建设风险。

在雅康高速公路工程中开展试验检测工作，建立全面科学的公路试验检测报告信息化。在施工现场搭建的临时实验室内开展试验检测工作，会有大量的试验检测数据随着工作的不断推进而产生，通过信息化管理技术的合理应用，借助于智能化的检测手段来开展对于试验检测数据的记录与管理，能够有效提升原有的数据管理工作效率，为试验检测工作节省大量的工作时间，使相关人员在保证检测结果的精确度以及准确性方面，可以拥有更多的时间钻研。通过将试验检测工作数据录入管理系统，系统会对录入的数据进行自动保存，随后按照工作人员已经设定的算法对录入的数据进行分析和演算，整个过程是自动化的。与人工测算的方式相比，这种依靠于智能化系统进行测算的方式可以在很短的时间内生成相应的图表，并且在数据处理方面，准确度也会高于人工处理方式；同时降低了人为因素对数据信息的影响。应用信息化的管理模式，保证了高速公路工程试验检测管理模式的规范性，不但有助于实现在人力投入与资金投入方面的节约，而且也能够提升工作效率，同时也能为试验检测结果的准确性与实时性提供良好的保障。通过对试验检测工作得出的数据信息展开系统科学的分析，高速公路工程的实际建设质量水平以及未来发展趋势得以展现，并获得客观而良好的评价。此外，雅康公司充分利用信息化手段，及时将项目建设过程中形成的各种文件和资料收集、分类和归档，提高项目档案资料的系统性、完整性和准确性，为工程建设的科学组织和管理提供重要保障。

为实现信息化施工管理，雅康公司借助监控量测信息系统、超前预报信息系统和围岩自动判别系统及时反馈隧道动态设计、信息化施工，提升隧道信息化施工水平，保障项目建设，减少人员投入，保障施工安全，提高项目施工质量和施工效率。

此外，雅康公司将工程质量与企业信誉、市场准入挂钩，形成有效约束机制。不定期组织履约检查，同时每季度及年终对全线参建单位进行综合考评，对履约情况较好及较差的单位分别进行奖励和处罚。对于因违法违规行为造成重大质量事故的参建单位及相关负责人，采取通报、约谈、挂牌督办、重点监管、列入"黑名单"并公布等方式。

6.2　进度管理

雅康高速公路项目建设任务艰巨，好和快、点和面、要素保障和工程建设的矛盾十分突出，雅康公司严格按照总体目标、年底计划、按季考核、按月控制、按日保证的办法实施进度管理，按同步计划、并联推进、交叉作业、无缝搭接的原则加快工程建设进度。

6.2.1　计划管理

雅康公司坚持四张表格制度，确保工程进度均衡、持续推进。严格按照总体目标、年度计划、按日统计、按月控制、按季考核的办法实施进度管理。在进度安排上保证有效施工时间，确保工程质量、安全和环保水保，解决好与快的矛盾。在有限的工期中保証全路段连续均衡不间断推进。坚持"四张表格"制度（年度计划表、每月工作要点表、每天完成统计表、上月工作要点完成统计表），如图6-6所示，系统安排建设工作，及时检查工作进度。累计印发年度计划表6次，每月工作要点表39次，每日完成统计表1170次，上月工作完成计划表38次。

a) 年度计划表 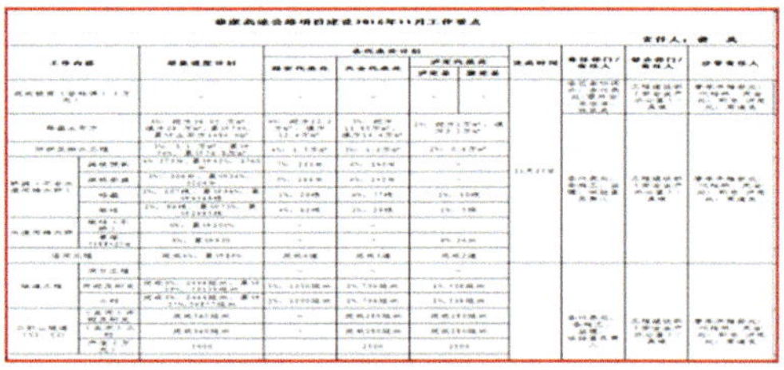　　b) 每月工作要点表 　　c) 每月工作要点完成表 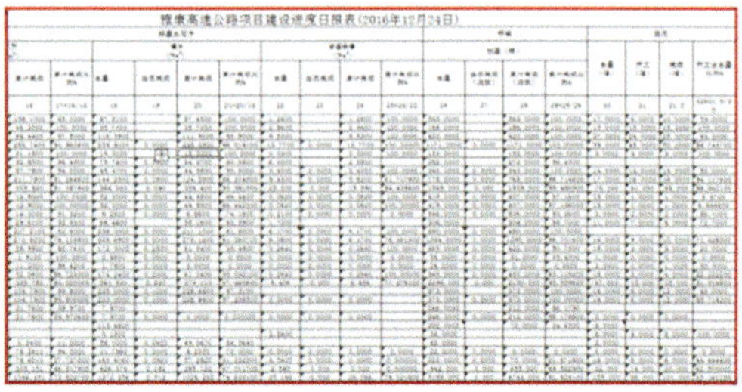　　d) 工作进度日程表

图6-6　"四张表格"制度

坚持每日、每月统计、考核，作为年终绩效考核、综合考评、信用评价的重要基础数据，确保工程建设动态受控。持续巩固全路段、多工序、大规模加快建设的良好局面。

6.2.2　进度控制

1）坚持同步安排、并联推进，确保工程进度有效推进

变常规的串联推进、流水作业为并联推进、交叉作业。同步交叉开展路基土建、路面、交安、绿化、房建、机电工程施工，同步开展后续变更设计、科研、招标工作。通过并联推进，保证有效施工时间，在有效的工期中保证全路段连续均衡不间断推进，有效攻克了工期提前与工程质量、安全管控之间的突出矛盾，充分利用工作面，有效缩短了项目施工工期，节约了建设成本。

持续巩固全路段、多工序、多专业、建设与运营同步安排、并联推进的良好局面。各施工单位抓住有利季节、有利时间，加大机械、人力、经费投入，按同步安排、并联推进、交叉作业、无缝搭接原则加快工程建设进度，确保桥梁上下部、隧道开挖与二次衬砌、路基与路面、房建与绿化、机电与交安等工程施工同步推进。保证施工机械类型

100

齐全、配套完整并与施工质量和进度相适应，积极储备材料，开挖理顺纵横向水沟，全面加快完成弃土场挡防排水、隧道洞口等分项工程，加快桥梁上、下部结构，隧道开挖、二次衬砌施工进度，严格路基交验程序，按照标准化建场、规范化备料、程序化交路、专业化施工要求加快路面工程进度。

在确保安全的前提下，雅康公司对路基边坡进行预防性处治，并保证路基边坡上下同步施工；对桥梁上、下部结构同步施工，桥梁下部结构撞击完成后紧跟墩柱施工，每两根墩柱完成后紧跟盖梁施工，同时预制桥梁上部结构，开展钢箱梁工厂化加工、现场拼装，每联钢箱梁吊装完成后紧接施工桥面系，缩短桥梁上下构施工衔接时间。

在项目建设过程中，雅康公司保障了路基防护工程紧跟土石方施工，以及土石方挖、填施工等环节，并及时进行防护工程作业，提高路基工程效率；保障了隧道二次衬砌紧跟掌子面施工，电缆沟、路面等紧跟二次衬砌施工，在二次衬砌施工达到一定要求时，再分别进行电缆沟和混凝土路面施工，推动洞内施工有效衔接，使得各分部分项工序紧密衔接、有序推进，避免浪费施工时间、拖延工期，确保项目整体安全、高效、有序推进。

为确保大杠山特长隧道右线施工进度，要求隧道进口增加施工支洞2处（长约260m）、施工便桥1处，增加了2个作业面；出口通过横通道增加1个作业面；喇嘛寺及小天都特长隧道均为两个合同段同步掘进。为有效加快隧道施工进度，要求采用"不见不散"的原则进行施工。

2）加大投入、增加措施，确保控制性节点进度加快推进

项目建设期间，点和面的矛盾尤为突出，成雅改线、李子坪改线、紫石隧道、小仁烟砂场、大仁烟恢复重建、水獭坪桥、前碉一号隧道及13处路基边坡治理等控制性节点施工断点尤其多。公司加大投入、积极增加措施，努力推进工程进度。

增加施工力量和时间。根据调整合同工期，要求施工单位按专业增加施工队伍，实行连续不间断作业，努力实现主体与附属、上部与下部、路基与路面、预制与安装等工序同步并联施工。

增加施工设施和设备。根据调整合同工期，要求施工单位成倍、成套增加路基土石方、塔式起重机、桥梁梁板预制及吊装、隧道二次衬砌台车、路面碎石轧制、路面摊铺等施工设施设备，增加钢模板、支架等周转性材料，确保路基、桥梁、隧道、路面等工程同步交叉、加快施工。鼓励施工单位根据地质地形条件采用悬挖钻机、湿喷机械手等先进设备，以加快施工进度。

增加工程措施。增加桥梁、隧道施工作业面，硬化纵横向施工便道，保证雨季施工时间；增加路基换填砂砾或片碎石数量，改良部分路基填料，加快路基交验；部分三背

回填采取加强措施；增加路面前场摊铺作业面等措施有效加快施工进度。

3）加强进度动态管控

印发每月工作要点进行深入细致的建设安排，坚持每日统计，及时对计划与实际完成情况进行比较分析，掌握项目实施动态，发现偏离及时督促施工、监理单位采取措施跟进纠正。各总监办每月要根据各标段实际进展情况正排工序、倒排工期，对计划进行调整、批复，使项目进度全过程处于均衡受控状态，督促各标段施工单位根据总体计划，实施相应的周、日计划。

4）坚持劳动竞赛，创先争优，确保工程进度积极推进

在全线参建单位中深入开展"奋战川藏天路，建功雪域高原""党旗飘扬、砥砺奋进，大战快干100天，攻坚克难保目标"等专项劳动竞赛（图6-7），累计开展10次专项劳动竞赛考评，兑现奖励500万元，以竞赛促效能，掀起施工大战快干高潮，创先争优，发挥先进的示范引领作用。通过考核，正向激励，反向处理，全面激发广大参建职工的建设热情。每月初印发施工节点计划表，月底由公司工程部协同党纪部对各单位劳动竞赛完成情况严格考核，利用收取的违约金，有效加快工程建设。

图6-7 劳动竞赛

5）加强现场管理

公司领导合理分工，充实现场管理力量，定期组织各部门现场办公，召开泸康段建设推进会，如图6-8所示。各业主代表与监理工程师合署办公，齐心协力，共同推进。要求施工单位根据现场实际情况，调整施工组织，实行连续不间断作业，增加施工设施设备，鼓励施工单位采用机械凿岩台车、湿喷机械手等先进设备。组织设计代表及时解决现场技术问题。

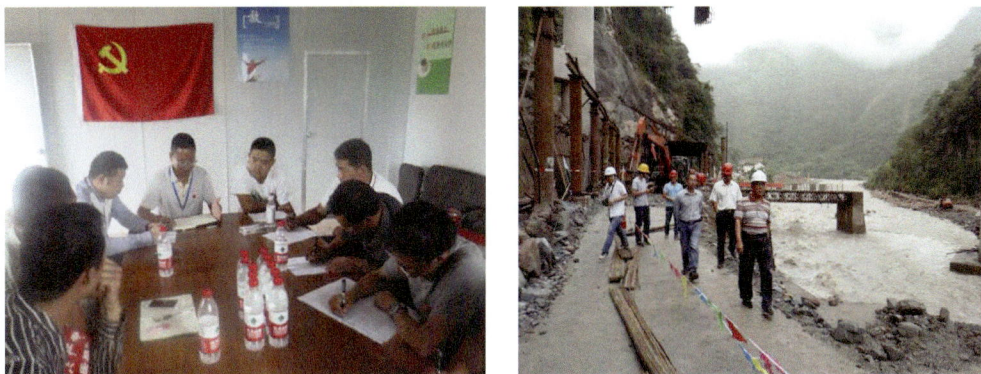

图 6-8　现场办公推进会

6.3　安全管理

6.3.1　安全管理体系

雅康公司对高速公路建设项目实施过程的安全负总责。在管理过程中，应始终把质量和安全放在所有管理工作的首位。在确保安全的前提下，保证工程顺利优质完成。

高速公路建设项目在实施过程中，特别是在施工阶段，在某些意外情况下可能会发生安全事故。雅康公司在项目实施阶段制定安全生产目标，安全生产目标包含人员伤亡率和经济损失控制两个方面的指标。

雅康高速公路项目成立由项目公司代表为组长，项目法人单位总经理、分管安全生产的副总经理为副组长，项目法人单位分管其他业务副总经理、纪检专员、监事及各部门负责人、代表处负责人和项目参建各施工、监理、试验检测、设计等单位负责人为成员的安全生产工作领导小组，领导小组办公室设在公司工程建设部（安全生产办公室），负责安全生产管理工作的日常事务，按照安全生产工作领导小组、安全生产办公室（含业主代表处）和各参建单位三级管理体系进行项目的安全生产管理工作。

雅康公司持续强化安全风险管理机制，确保主体责任落实到位。督促落实"一岗双责"，加强安全生产制度建设，建立《雅康高速公路安全生产管理台账》，建立安全风险管理机制，安全责任落实到个人，层层签订安全生产目标考核责任书。

为了最大限度地降低工程风险，雅康公司对可能发生的事故编制了应急救援预案，以便在发生事故后及时组织有效的救援，将事故造成的损失降至最低，最大程度地保护国家、集体财产和职工生命安全。为全过程掌握施工动态，并确保遇到突发事件能及时有效做出处置，雅康公司在隧道内安设了无线通信信号接收系统、应急照明系统及视频监控系统，保证了各生产部门与洞内施工生产的联系，同时做到了全过程监控施工动态。

开展应急预案的培训与演练。预案制定后，雅康公司组织救援人员进行培训，使其具备应急救援的知识和技能，并组织开展应急演练。通过演练，丰富管理人员和现场作业人员的现场应急救援知识，增强现场应急响应与处置能力。本项目施工过程中，成功组织了隧道内坍塌应急救援、斜井涌水应急救援、隧道内火灾应急救援现场演练。在演练时注重现场影像资料的采集留存。通过应急演练，对已有的应急预案进行修订，增强其实用性和可操作性；对现场应急照明、报警系统发挥的效能进行检验，对现场应急救援物资的储备情况（包括数量、型号、储存地点、完好状态等）进行评估，确保其险情发生时在第一时间真正起到应急作用。

6.3.2 "四专"机制

雅康公司始终不渝坚持"安全第一，预防为主，综合治理"的方针，坚持运行专业监控、专题会议、专家咨询、专项费用"四专"机制，如图6-9所示，重要工点专业监控，重要安全生产工作专题会议研究，重大技术方案专家评审，安全生产费用专款专用。采用科学安全管理模式，全面实施安全生产责任制，强化安全生产管理执行力，加强施工过程的安全控制，广泛开展各种形式的安全生产宣传教育活动，充分调动雅康高速公路参建人员学习安全生产知识的积极性，不断增强参建人员的安全生产意识，从而在雅康高速公路施工安全管理中取得了良好效果。

6.3.3 "三基"管理

雅康公司持续强化"三基"管理，确保安全意识牢固树立。以"落实基层责任，强化基础能力，提升基本素质"的"三基"工作作为雅康高速公路安全生产的重要举措，强化基层，巩固基础，加强和规范基层一线施工人员的安全教育培训工作提高从业人员安全素质，树立安全意识，防范伤亡事故，减轻职业危害，根据项目风险源的辨识，印发各类宣传手（画）册共计两万余册。

a) 专业监控：隧道监控室

b) 专题会议

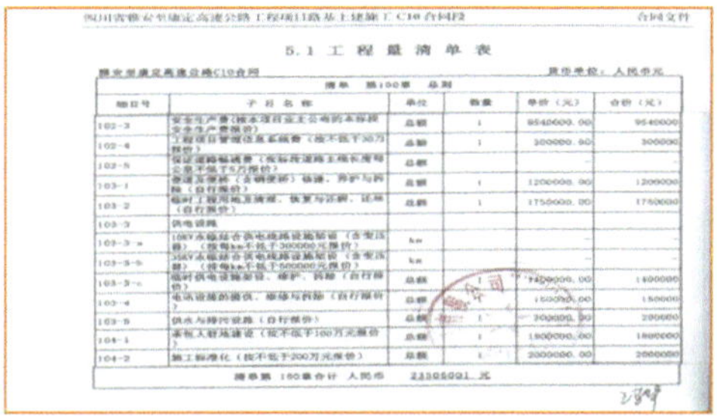

c) 专项费用

d) 专家咨询

图 6-9　"四专"机制

6.3.4　双重预防体系

双重预防机制就是安全风险分级管控和隐患排查治理。

安全风险分级管控，就是我们日常工作中的风险管理，包括危险源辨识、风险评价分级、风险管控，即辨识风险点有哪些危险物质及能量，在什么情况下可能发生什么事故，全面排查风险点的现有管控措施是否完好，运用风险评价准则对风险点的风险进行评价分级，然后由不同层级的人员对风险进行管控，保证风险点的安全管控措施完好。

隐患排查治理就是对风险点的管控措施通过隐患排查等方式进行全面管控，及时发现风险点管控措施潜在的隐患，及时对隐患进行治理。

把风险管控好，不让风险管控措施出现隐患，这是第一重"预防"；对风险管控措施出现的隐患及时发现及时治理，预防事故的发生，这就是第二重"预防"。

安全风险分级管控和隐患排查治理是相互包含的关系：隐患排查治理包含于风险分级管控中。双重预防机制包括三个过程，同时这三个过程也是双重预防机制的三个具体目的，如图6-10所示。

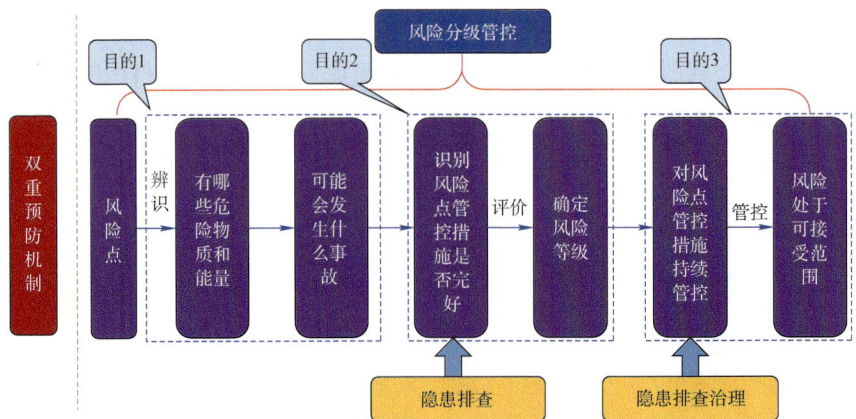

图6-10　风险分级管控

第一个过程即第一个目的——"辨识"，辨识风险点有哪些危险物质和能量（这是导致事故的根源），辨识这些根源在什么情况可能会导致什么事故。

第二个过程即第二个目的——"评价分级"，利用风险评价准则，评价风险点导致各类事故的可能性与严重程度，对风险进行评价分级。

第三个过程即第三个目的是——"管控"，即对风险的管控，把风险管控在可接受的范围内。

在"评价分级"的过程中，包含了隐患排查的过程，即对风险点的现有管控措施进行全面排查：措施是否齐全、是否处于良好状态，如果风险现有管控措施有缺失或缺陷，即存在了隐患，可能会构成较大或重大风险，影响风险分级结果。在"风险管控"的过程中，包含了对第二个过程发现隐患的治理及对风险点现有管控措施的全面、持续的隐患排查，及时发现隐患及时治理，保证风险随时处于可接受的范围内。

双重预防机制是安全生产标准化的重要组成部分，是重要或核心要素，双重预防机制包含于安全生产标准化，但不可能代替安全生产标准化，所以也不存在"双重预防机制与安全生产标准化融合"这样的伪命题，二者本来就是一体的，根本不需要什么融合。安全生产标准化是雅康公司做好安全生产工作最基础、最全面的工具，双重预防机制则重点强调要做好安全生产标准化中的两个核心要素，风险分级管控和隐患排查治理对这两个要素进行了再细化、再严格、再科学的要求。所以，雅康公司科学地推行双重预防机制，不需要企业抛开安全生产标准化再重新开展双重预防机制的重复性工作，而是需要把原来安全生产标准化中的风险管理和隐患排查治理工作按要求再进一步细化、规范化。切不可人为地把工作复杂化、机械化、教条化，而导致企业做了大量工作而没有取得应有的效果，使工作流于形式。雅康公司"双预防"体系建设成果汇报会如图6-11所示。

图 6-11 雅康公司"双预防"体系建设成果汇报会

雅康公司加强雅康高速公路桥梁和隧道工程施工安全管理，优化施工组织方案，增强施工现场安全预控有效性，积极推动施工安全风险评估工作扎实有效开展，编制总体、专项风险评估报告，制定相应的专项应急预案，建立重大风险源辨识台账，并报监理单位和雅康公司核备。

雅康公司为充分利用风险评估成果，有效预防地质灾害，形成评估、评价、预警、预防的管理体系，引进北斗卫星监控系统，针对高大边坡及弃土场进行重点监控。北斗高精度边坡在线监测系统，利用北斗高精度GNSS（全球卫星导航系统）监测仪对边坡的位移变形量进行监测，并通过传输模块将监测数据实时回传到监测平台，对监测数据进行处理分析，同时生成监测报告。该系统主要包括数据采集、数据传输、数据处理三个部分，实现了从数据采集到数据分析再到监测结果显示的全过程自动化。以北斗高精度定位技术和精密传感器技术为支撑，为监测结构提供高精度的在线监测，并且实现数分内得到一组精确定位数据，实时监测边坡的变形。此外，北斗定位所使用的GNSS监测仪不易受到温度、湿度、天气和昼夜变化的影响，不需要经常维护，且对地形要求较低，基本可以达到一次安装、多年使用的要求。另外，利用北斗监测技术进行监测是全自动的，监测和记录数据的过程不需要人工操作。

同时，在项目全线全面推行"二维码"信息技术管理（图6-12），让现场人员更加快速全面地了解现场各项信息。采用先进设备推行架桥机智能监控（图6-13），有效避免架梁过程安全事故，用高新技术及科学的管理手段充分指导项目安全生产管理工作。

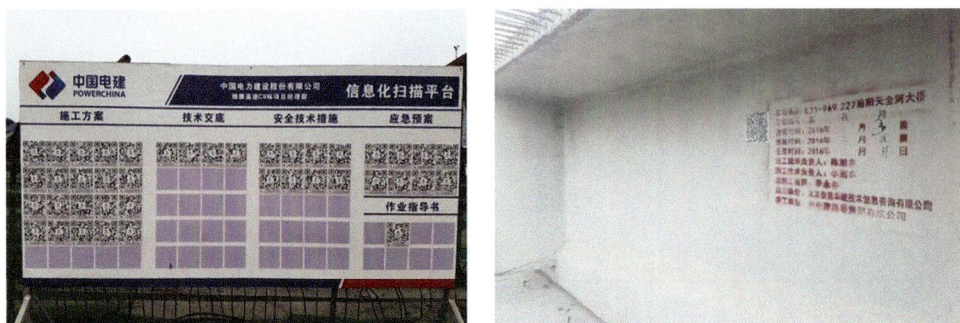

图6-12　全面推行"二维码"信息技术管理

图6-13　采用先进设备推行架桥机智能监控

雅康公司多次联合地方安监、交通、自然资源等部门对地质灾害及施工安全生产进行专项检查，以通报文件的形式督导各相关单位及时整改安全隐患，并一一闭合。同时，要求各单位编制相关应急预案，筹备应急物资，组织开展演练活动，确保及时、科学处置各项突发事故，建立健全应急机制，提高应对各项突发事故的能力，保障人民群众生命财产安全。

6.3.5　平安工地建设

雅康高速公路项目将安全工作列为本项目的重中之重。一是完善安全生产管理制度，制定年度安全生产管理工作目标；二是加强全员安全教育培训，落实班组长安全责任制；三是做好安全交底，对隧道、桥梁高危作业人员多次现场交底；四是开展监督检查，做好隐患排查治理工作。

二郎山隧道地质条件复杂多变，集高压涌突水、突泥、岩爆、大变形等地质灾害于一身。同时，隧道围岩交替频繁。隧道施工先后穿越13条大型断层破碎带及难以计数的次生断层，在埋深仅400m时既发生中等至强烈岩爆，安全风险评定为A+类风险项目。二郎山隧道地质风险类型及特征见表6-1。如何准确地辨识由地质因素产生的安全风险成为安全管控的关键因素之一。

（1）坚持强化事故预警机制，开展工程安全风险评估。根据二郎山隧道的工程特点，上场伊始依托成都专业化安全风险评估公司对项目隧道施工进行了系统的安全风险评估。通过分析、预测施工中可能存在的各种危险、危害因素的种类和危险、危害程度，项目部提出合理可行的安全技术措施和管理对策，作为项目部安全施工的依据。

（2）坚持细化安全风险源，完善方案预控措施。根据安全评价及二郎山隧道地质资料，项目部通过重点细化隧道安全风险源，提前制定安全施工预案并结合施工实际，完善综合防控机制，有力地把握了在施工安全管理中的先机。

二郎山隧道地质风险类型及特征　　　　　　　表 6-1

序号	风险名称	地 质 特 征
1	高压涌突水	地下水极发育，裂隙贯通，地表水补给充足，遇暗河或高压水腔
2	突泥	围岩挤压极为破碎，含水率充足
3	岩爆	围岩完整性较好，属脆性高强度围岩，基本无裂隙水，地应力高
4	大变形	软塑状泥化围岩，挤压紧密、无水、埋深大

此外，雅康公司借助以灾害预防、事故救助、电子信息化等先进的管理手段，开发隧道施工人员及设备安全监测管理系统，结合先进的通信、计算机及网络技术成功研发了综合管理平台，使管理人员能够随时掌握施工现场人员、设备的分布状况和每个人员和设备的运动轨迹，便于进行更加合理的调度管理。当事故发生时，救援人员也可根据隧道施工人员及设备安全监测管理系统所提供的数据、图形，迅速了解有关人员的位置情况，及时采取相应的救援措施，提高应急救援工作的效率。这一科技成果已经在雅康高速公路隧道人员定位系统中得到验证。

雅康公司始终把创建平安工地、维护和谐稳定、确保一方平安放在突出位置，通过周密部署、精心组织、创新方法、强化教育、广泛宣传，强化与相关职能部门的联合，细致排查并消除影响雅康公司工程建设的安全隐患，并按照职责权限和合同约定严格督促、指导施工单位健全和完善治安联防工作机制，建立健全巡查、登记制度，认真做好施工现场、民工住宿区等重点部位的防火、防盗、防爆、防灾害等工作。针对汛期，重点开展防汛、防地质灾害专项排查与应急演练，消除安全隐患及提前设计突发事件的处理。全面排查和消除不稳定因素，杜绝征地拆迁、民工工资等问题引发的群体事件，确保了工程建设的施工安全，全年无群体上访事件和无重特大安全事故发生。

6.3.6　五岗合一

自2017年12月31日起，实行公司、管理处、站（队）三级管理，共有路安队员117名。按高交四分局九大队和执法第五支队要求，为其配置协警、协助执法人员30名。在公司大兴监控中心建立了包括公安交警岗、交通执法岗、路产管护岗、收费管理岗、监控中心岗的雅康高速公路"五岗合一"集成统一指挥平台（图6-14），五岗集中办公，相对独立互不影响，遇应急突发情况，可立即形成统一指挥平台，实现信息互通、统一指挥调度、第一时间处置各类突发事件，大大提升了突发事件的处置效率。针对隧道群、长下坡等特殊情况，研究实施了运营安全措施和工作方案。在全线9个特长隧道内布设景观照明，既满足了在黑暗环境中照明的基本功能，又有效缓解了驾乘人员的紧张情绪，提高了安全通行能力。全年印发安全管理文件98份，发布信息50篇，召开安全会议19次，道路巡查5677次，排查整改道路隐患1873处，清障救援597次，交通管制155次，应急保障30次，应急演练2次，未发生一起源头安全生产责任事故。

图 6-14　五岗合一信息研判指挥中心

6.4　创新管理

雅康公司拟重点突破优质安全与加快建设的矛盾，努力提高优质工程水平。争创优质工程，坚持四个创新，即技术创新、工艺创新、组织创新、管理创新，攻克了二郎山隧道重大技术、大型枢纽互通施工安全、大型地灾整治施工组织、路面工程好与快等难题，获得国家专利、工法11项，工程质量优良，路面平整度达到领先水平。

6.4.1　技术创新

1）解决二郎山特长隧道重大技术难题

二郎山隧道全长13459m，是全国建成通车的高海拔地区长度最长的高速公路隧道，

被誉为"川藏第一隧"。隧道位于Ⅷ度地震烈度区，穿越13条区域性断裂带，建设地质条件极其复杂，被誉为"地质博物馆"。

全国首次设计有大断面多功能交通转换带、景观带和抗震扩大段（长260m）的隧道，为运营安全管理、四川频繁发生的地震灾害预留抗震变形及补强空间，保证隧道有效建筑限界。

2）解决泸定大渡河大桥重大技术难题

雅康公司组织设计、监理、施工等参建各方开展技术攻关：一是首次将防屈曲钢支撑用作悬索桥的中央扣，在强烈地震时，中央扣屈服耗能，从而保证主梁安全。二是首次将波形钢腹板与混凝土顶底板的组合结构作为桥塔横梁，充分利用两者的结构优点，既克服了混凝土横梁和钢横梁在抗震方面的不足，又简化了塔柱-横梁联结构造。三是创造性地采用反向平曲线设计，将左右两幅泸定隧道分离，布置在大桥隧道式锚碇的外侧，一方面，极大地减小了隧道式锚碇和公路隧道的相互影响，为山区桥隧相连的悬索桥总体布置提供了一条崭新的思路；另一方面，在隧道与隧道式锚碇之间设置横通道，既作为施工期的运输通道，加快施工进度，又作为今后的检修通道，便于养护。四是创新边坡防护理念将雅安岸第一排和第二排抗滑桩按人字形布置，采用"疏导"的方式，将强震产生的碎屑流沿斜向导出大桥范围，确保碎屑流不危害大桥构造物。五是通过大数据确定钢桁梁吊装天窗期，并对缆索吊装系统结构本身进行优化，确保在山区复杂风场环境下钢桁梁吊装施工的安全性。六是复杂地形条件下，合理设计施工便道线性指标，有效解决高陡边坡运输困难问题，加快施工进程。七是首次在高海拔峡谷地区、复杂强劲风场条件下，采用缆索吊装系统架设千米级钢桁梁，并首次采用空间索的方法布置承重索，解决窄空间环境下主索不能布置的问题。八是大桥上部施工采用BNLAS（桥梁非线性分析）系统进行全过程状态监控，确保大桥的最终成形与设计的高度吻合。

3）解决高陡边坡安全监测难题

利用科技手段，提高安全管控能力。结合沿线地质灾害排查情况，投入资金约450万元，在72个点位安装北斗高精度地灾监测预警系统监测点，为项目建设和后期运营安全管理提供监测数据保障。

4）解决特长隧道及隧道群的行车舒适难题

二郎山隧道全部加铺沥青混凝土路面，大幅提高了行车舒适性。采用技术手段改进隧道照明。

6.4.2 工艺创新

1）解决大型枢纽互通施工安全难题

雅康高速公路对岩枢纽互通为四川省内最大规模枢纽互通之一，连接成雅、雅西高速公路，是由上下4层、8条匝道、8万m³混凝土、长5km的桥梁组合而成，施工过程中多次跨越运营高速公路和国道，安全风险大。雅康公司超前谋划，反复论证、优化施工组织方案，组织施工、建立、设计等单位进一步完善大跨径钢箱梁（65m、600t）顶推跨越运营高速公路的施工工艺、安全措施和应急预案，安全优质完成建设任务。

2）解决桥隧混凝土施工工艺难题

建设者弘扬工匠精神，成功研制了隧道整体式双侧壁电缆沟移动式模架、自行式液压防护棚架、隧道施工用移动式发电机组等新设备；采取了水压爆破、智能架桥机、巷道式通风+射流式水幕降尘、结构物二维码实名制等新技术新工艺。取得国家实用新型专利20项、工法9个。

6.4.3 组织创新

雅康公司强化组织创新，解决地灾整治施工组织难题，确保安全、质量、进度同步推进。

1）解决大仁烟大桥恢复重建施工进度难题

大仁烟大桥于2016年7月27日因红线外高位滑坡损毁，恢复重建时间紧，高边坡处治难度大。雅康公司组织参建单位优化施工组织方案，增加梁场、增加塔式起重机等施工设备，采用"四同步"的方式保证施工质量与进度：桥梁上部40片梁板预制与下部24根桩基、12个桥墩同步施工，两排桥墩同步施工，桥梁与高边坡同步施工，210m高边坡上中下部同步施工，较计划工期提前1个月完成桥梁恢复重建任务。

2）解决李子坪地灾整治施工安全难题

为确保工程安全、减少生态植被影响，李子坪路段高陡边坡变更设计为左隧右桥方案。隧道位于斜坡中部，节理裂隙发育，地质条件差，距离坡表最薄处仅6m，浅埋偏压严重。200m路段既有桥梁、隧道又有抗滑桩、锚索等斜坡处治工程，且需在短时间内集中交叉作业，施工组织管理难度大，施工安全风险极高。

2017年3月收到变更处治方案后，雅康公司组织参建单位成立技术攻关组，动态设计、信息化施工、过程技术咨询，隧道洞身采用三台阶七步人工、机械开挖，薄壁端采用单侧壁导坑三台阶开挖法施工。桥梁工程架桥机与大吨位起重机同步使用。经参建各

方共同努力，攻克了工期紧、安全风险高、施工难度大等困难，满足了试通车的要求。

3）解决冷竹关桥建设难题

冷竹关桥为大跨径曲线钢箱梁桥，地处大杠山特长隧道和喇嘛寺特长隧道之间，山高沟深、人迹罕至，施工场地局限在桥梁两端的隧道洞内。雅康公司组织参建单位优化设计，省内首次采用隧道洞内加工拼装顶推、梁上推梁等新工艺，创新采用护栏钢筋与桥面铺装钢筋同步绑扎、混凝土同步浇筑的实用工法，有效加快了建设进度，有效保证了提前通车目标。

6.4.4　管理创新

雅康公司强化管理创新，解决路面工程好与快的难题，确保路面工程建设品质优良。

1）解决项目建设加快推进的难题

雅康公司坚持"有为才有位、凡事重落实"的工作理念，坚持"定人、定责、定时"的工作方法，组织参建单位执行合同、规范行为，精细管理、强化控制，变串联推进、流水作业为并联推进、交叉作业的全工序工作方法，有效解决了工期提前与工程质量、安全、环水保管控之间的突出矛盾，实现了工程建设总体受控、加快推进，实现全线提前9个月建成通车。

2）解决路面工程好与快的难题

（1）"强协调"保证路面工程材料供应。面对前期市场建材严重短缺且价格飞涨、停工3个月的困难局面，四川省交通运输厅、四川省交投集团主要领导会同地方政府主要领导现场办公，成功恢复7个料场，专门用于雅康项目路面工程。同时，雅康公司积极汇报，主动出击，主要领导带队深入项目附近料场一线组织协调，在地方党委政府大力支持下，增加料源、增加运距，增加资金保障和监控措施，有效解决路面材料100万t供应难题，有力保证了路面工程进度。

（2）"做加法"保证路面工程施工质量。增加路面工程质量实时监控系统，对后场沥青混凝土混合料的拌和实现了信息化管控，实时监控沥青混合料合计70273盘，形成监控日报310份，有效保证了混合料级配稳定、用油量足够，确保了源头质量；对沥青混凝土前场摊铺、碾压的温度和速度实现定量信息化管控，组织设计代表、专家和专业技术咨询单位定期现场检查咨询，召开质量管控专题会38次、印发质量工作要求文件52份，出具咨询报告20期、路面质量专题汇报8期、质量监控技术服务咨询联系单25份，有效保证了过程施工质量。

（3）"高标准"保证路面工程的施工品质。采用正向激励措施，对沥青混凝土路面平整度、厚度、压实度、外观质量等指标提出内控高标准，在劳动竞赛中专门予以考核奖励，鼓励参建单位勇为人先、追求卓越。在交工验收检测数据中，厚度、弯沉、平整度、压实度、渗水系数等指标检测合格率均达100%；路面平整度σ代表值达0.57，数据水平达到高桥隧比高速公路的领先水平。

第7章
绿色低碳

7.1 理念及要求

美丽中国是社会主义现代化强国建设的重要目标之一。党的十八大以来，党中央将生态文明建设纳入"五位一体"总体布局，坚定不移走生态优先、绿色低碳的高质量发展道路，明确提出碳达峰碳中和目标。党的二十大报告明确提出，加快发展方式绿色转型，实施全面节约战略，推进各类资源节约集约利用，加快构建废弃物循环利用体系，加快节能降碳先进技术研发和推广应用。

交通运输行业既是能耗大户，也是碳排放大户，减排需求巨大。习近平主席在第二届联合国全球可持续交通大会开幕式上发表主旨讲话，指出"要加快形成绿色低碳交通运输方式，加强绿色基础设施建设，推广新能源、智能化、数字化、轻量化交通装备，鼓励引导绿色出行，让交通更加环保、出行更加低碳。"❶

《交通强国建设纲要》对绿色发展提出要求，即："到2035年，智能、平安、绿色、共享交通发展水平明显提高；到本世纪中叶，基础设施绿色化水平位居世界前列。"同时，提出了促进资源节约集约利用、强化节能减排和污染防治、强化交通生态环境保护修复三大任务。

---

❶ 出自《人民日报》（2021年10月15日01版）。

为了进一步落实关于生态文明建设和实现碳达峰碳中和目标，围绕加快建设交通强国要求，交通运输部出台《绿色交通"十四五"发展规划》，提出到2025年，交通运输领域绿色低碳生产方式初步形成，基本实现基础设施环境友好、运输装备清洁低碳、运输组织集约高效，重点领域取得突破性进展，绿色发展水平总体适应交通强国建设阶段性要求。此外，还提出深化绿色公路建设，推进交通资源循环利用，加快节能环保关键技术推广应用，健全绿色交通标准规范体系，完善绿色交通监管体系，强化绿色交通评估和监管等与公路交通相关的任务。

近年来，交通运输部实施了公路生命安全防护工程、品质工程、绿色公路典型示范工程、交旅融合等多个专项行动，印发《绿色公路建设指导意见》并出台相应的《绿色公路建设技术指南》等政策文件。2018年颁布的《公路养护工程管理办法》对绿色养护工程设计作出要求，应当因地制宜、就地取材、循环利用、绿色环保。《"十四五"公路养护管理发展纲要》明确提出推动绿色养护发展。要健全绿色养护的评价方法和评价标准，加强绿色养护技术的研发与推广。大力推动废旧路面材料、工业废弃物等再生利用，提升资源利用效率。可以看出，公路养护行业已经在不断地探索绿色低碳发展并具有初步的发展基础和发展思路。

综上，在碳达峰碳中和目标以及生态文明建设整体布局的大背景下，加快构建绿色交通基础设施体系，实现公路养护绿色化转型，已成为交通运输行业贯彻"生态文明"战略，服务碳达峰碳中和目标的必然要求。

自雅康高速公路建设以来，雅康公司在加快推进项目建设的同时，不断践行"绿水青山就是金山银山"的理念，以最低程度影响环境、最大程度的保护为目标，采取各种生态保护举措，实现生态之路建设。

7.2 生态环保

雅康高速项目区位于四川盆地与青藏高原过渡地带，项目区内植被丰富、水系发达、物种多样。

按《四川植被》区划，雅康高速公路所在工作区内，二郎山东坡的植物种类比较丰富，植被类型多样并呈现明显的垂直地带性分布，如图7-1所示。

项目区内水系十分发达，路线主要跨越青衣江、周公河、天全河（图7-2）、大渡河、瓦斯河及支流水体，K30~K82工程沿天全河布设，且多次跨越天全河，对天全河水生生态环境保护提出了更高的要求。

图 7-1 二郎山植被

图 7-2 天全河

同时，项目穿越多个环境敏感区，包括贡嘎山国家级风景名胜区、四川卧龙大熊猫自然保护区（图7-3）、二郎山国家森林公园、二郎山省级风景名胜区、周公河珍稀鱼类省级自然保护区和天全河珍稀鱼类省级自然保护区等。为贯彻落实绿色发展理念，在建设过程中，加强了相应环保技术应用，减小了工程建设的环境影响。

7.2.1　天全河珍惜鱼类保护

根据《天全河珍稀鱼类省级自然保护区功能区调整总体规划》，天全河珍稀鱼类省级自然保护区共分为核心区、缓冲区和实验区三部分，保护区主要保护对象有川陕哲罗鲑、齐口裂腹鱼、重口裂腹鱼、异唇裂腹鱼、鲈鲤、青石爬鳅、天全鳅以及水生野生动物大鲵、水獭。

雅康高速公路C1标段新沟互通永久性改河工程，位于天全县核心鱼类保护区上游。为最大程度保护鱼类生存环境，根据四川省水产局组织有关专家依据《雅康高速新沟互通综合体工程对天全河珍惜鱼类省级自然保护区影响评价主题报告》的审查意见和雅康公司委托编制的《雅安至康定高速公路工程变更影响报告书》，对永久性改河工程开展生态防护设计。

图 7-3　四川卧龙大熊猫自然保护区

1）永久性改河格宾挡墙设计

通过在护岸外侧加绑格宾挡墙（雷诺护垫），模拟自然生态河岸，同时在改河段底部平缓段设置铁丝笼丁坝，最大程度为鱼类栖息创造条件，实现河道两侧坡度1：1.5的河段生态恢复设计。

2）鱼类洄游通道设计

为减轻永久性改河工程对天全河原有珍稀鱼类物种迁徙的屏障效应，降低河流生态系统影响，在永久性改河工程中设置鱼类洄游通道（平面位置图如图7-4所示），该通道起点位于永久性河HK0+833右侧岸坡处，进水口设置10m长2m盖板涵过渡，同时逆水流方向设置2m长丁坝，便于水流通过洄游通道，止点位于永久性改河HK1+010右侧已施工挡墙缺口位置。洄游通道总计长486.705m。通道底宽2m、高2m，护岸总体坡度1：0.75，护面砌筑呈起伏状，模拟自然河道环境，通道材料采用M10浆砌片石砌筑，壁厚0.5m。同时，为避免渗水影响填方沉降变形，通道外侧采用防渗土工布包裹。

7.1.2　大熊猫栖息地生态保护

雅康高速公路K53～SK111段紧邻或穿过四川卧龙大熊猫自然保护区外围保护区，其中，二郎山隧道直接穿过。若按常规技术手段建设，需要先沿山体修筑施工便道，会造成约4.3万m²的地表及植被破坏。

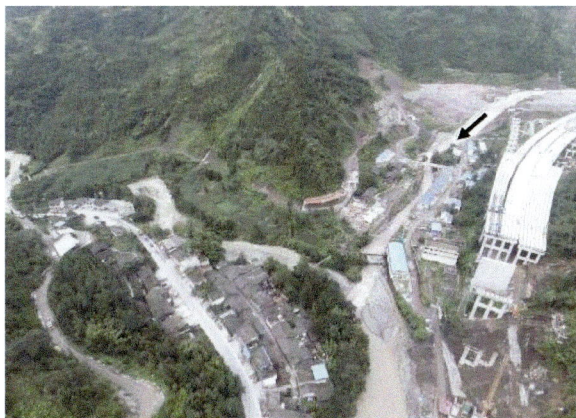

图 7-4　洄游通道平面位置图

　　为有效保护大熊猫自然保护区，雅康公司精心组织设计、施工等单位反复研究、论证，最终开创性地在国内首次采用斜井洞内反打施工技术，即从隧道主洞内，反向开挖通风斜井，向地表方向掘进施工。

　　斜井反打（图7-5）在国内隧道施工中虽然已有先例，但如此长距的反打施工尚属首次。在斜井反打施工过程中，还攻克了一系列施工技术难题：多台阶逐层弱爆破解决小间距上跨主洞问题；多排中空楔形掏槽眼技术解决爆破渣体过大形成的滚石隐患问题；大功率四轮驱动技术保证二次衬砌台车爬坡快捷、安全；增加断气刹装置、水刹装置、紧急避险车道等安全措施保证重车长距离下坡安全。

图 7-5　斜井反打

　　最终，雅康高速公路项目完成了1734m长的排风斜井和1710m长的送风斜井从距离主洞口4450m的位置向山顶掘进施工，最大程度保护了大熊猫自然保护区生态环境，减少保护区内修建施工便道9km，减少植被破坏4万m^2。

7.2.3 施工环境保护

水土保持生态修复是保护建设好生态环境、实现可持续发展的必由之路，功在当代，利在千秋。雅康公司在加快推进项目建设的同时，以最低程度影响环境、最大程度地保护环境为目标，加大环水保综合治理投入，深入开展各项环水保工作，有效遏制了因项目建设而带来的生态环境影响，保护项目沿线的秀丽河川，积极努力创建生态、和谐工程。

1）强化学习培训，牢固树立环水保意识

雅康公司为加强参建员工对相关法律法规和工程合同条款的学习，增强参建员工法治观念，提高参建单位履行环水保法定义务的自觉性，先后6次组织参建人员学习环水保法律法规，邀请专家讲座10次，如图7-6所示。其目的是使参建员工切实增强环水保意识，全力以赴开展环水保工作。在建设过程中，雅康公司时刻重视日常环水保巡查工作，累计巡查23次。发现问题及时按"三定"原则进行整改，同时严格追责问责，通过一系列工作举措，进一步牢固树立了绿色发展理念，环水保管理水平不断提升。

图 7-6 环水保咨询

2）强化施工举措，有效突破环水保难题

雅康公司全面实施绿化工程，重点完成了隧道洞口、上下边坡恢复、临时用地还耕、取弃土场的挡防、排水和生态恢复等工作。弃渣场绿化如图7-7所示。

3）强化制度建设，确保机制有效运转

坚持绿色发展理念，注重和谐发展是雅康高速公路建设者肩负的重要使命。雅康公司秉持最低程度破坏和最大程度恢复的建设理念，高度重视环水保工作，制定一系列环水保制度，并累计开展环水保日常检查督察工作35次，发出环水保整改通报文件28份，多次召开环水保工作会（图7-8）。自开工至今，雅康高速公路项目投入环保人力20000余人次，投入环保资金约25057万元，下发各类环保水保工作文件72份，现场环保水保专项巡视（联合）检查160余次。

图 7-7 弃渣场绿化

图 7-8 环水保工作会

7.3 资源集约节约与节能减排

高速公路建设应体现对自然资源（风、光、电）的有效利用，解决长期以来我国公路建设普遍存在的能源耗用较高等问题。雅康高速公路建设坚持以降低能源耗用和减少碳排放为建设重点，从规划设计、施工组织等多个方面进行统筹考虑，在整个公路建设过程中融入节约资源、降低能耗的绿色理念。

7.3.1 隧道洞渣全方位应用

雅康高速公路隧道比较高，144km单幅隧道约产生2487万 m³隧道洞渣，需弃渣场约35个，占地约183万 m²，若利用不当，洞渣的堆放将会大量侵占土地资源，改换原地表环境，导致水土流失，造成极其严重的生态危害。

雅康公司面对这一重大技术、安全、生态问题，多次组织各方机构进行咨询、探讨、协商和研究，会同设计单位优先在红线内造地，将部分桥改路，更是制定出三种洞渣综合利用方案，全方位利用隧道弃渣。

1）分析洞渣岩性、循环利用，助推工程建设

经多次对洞渣岩性分析，沿线洞渣多为花岗岩，是轧炼碎石的"好东西"，全线各施工单位自加工碎石集料（图7-9）约1300万m³，全部用于工程建设，有力保障了雅康高速公路全线提前9个月建成通车。

图 7-9 自加工碎石集料

2）有效结合地形、造地利用，助推脱贫奔康

雅康高速公路泸康段长约39km，其中隧道长约29km，加工碎石后仍有大量洞渣无法得到有效利用。经多次勘察地形，确定在泸定县鸳鸯坝进行造地利用，最终在鸳鸯坝造地约200亩，有效消纳弃渣约50万m³，现已建成康定市藏药业园区，促进了地方经济基础建设发展，解决了部分地方人员就业困难问题。同时，在泸定县五里沟造地约35000m²，建成国内首个共用一栋服务综合楼的立体双边地形服务区——雅康高速公路泸定服务区（图7-10），有效消纳洞渣100万m³，在有限空间满足服务需求。

3）优化设计方案、创新利用，助推交旅服务

为有效解决雅康高速公路喇叭河隧道群弃渣问题，雅康公司联合设计单位多方考证，最终确定在喇叭河互通建设互通综合体（互通+服务区）进行建设消纳，为省内首创，如图7-11所示。充分利用喇叭河隧道群6个隧道的洞渣进行填筑，造地约20万m²，在此基础上建设互通、服务区等设施，有效消纳洞渣约100万m³。

图 7-10　泸定服务区

  2018年12月29日，四川新闻网以"川网记者首次全程试跑：雅康高速公路实现了这些'第一名'"为题，对雅康高速公路"完美解决高原地区公路修建的环境保护问题，所有上下边坡、互通、弃渣场等均实施了生态恢复。累计完成绿化115万 m²，栽植乔木3.8万株，灌木13.9万株。在省内首次实现设计互通综合体，变废为宝。既有效解决弃渣难题，又节约弃渣占地、提升服务功能"进行了详细报道。

图 7-11　喇叭河互通建设互通综合体

7.3.2　隧道照明综合节能技术

1）渐变式太阳能薄膜光伏遮光棚发光节能技术

隧道洞口减光建筑现阶段常见的建筑形式有遮阳棚、遮光棚以及通透式棚洞等。这些建筑物都是利用结构自身的遮光特性降低隧道洞口亮度，达到遮阳减光的效果。

太阳能光伏遮光棚与传统遮光棚相比，最大的优势在于采用太阳能光伏电池可满足隧道内机电设备的运行。太阳能光伏遮光棚可以做成透明或者半透明的，虽然初期投入可能比传统遮光棚多，但从长远角度出发，运营期间的费用将远小于传统遮光棚，特别是对于那些白天日照时间充足的地区。

泸定隧道左线长339m，根据隧道进口桥隧相连的情况，在靠近泸定隧道洞口设置长度约58m的渐变式光伏遮光棚（图7-12），棚宽15.65m，高8.8m。在靠近隧道洞口设置第一段长度约4m的柔性不透光光伏组件遮光棚，在第二段长度约28m范围设置15%透光率光伏组件遮光棚，在第三段长度约26m范围设置40%透光率光伏组件遮光棚。该技术的应用，不仅可解决隧道照明能耗过高问题，也可实现太阳能替代传统能源为机电系统供电，符合国家及交通运输部"节能减

图 7-12　太阳能光伏遮光棚

排""绿色交通""品质工程"建设的基本国策，可为我国绿色公路建设提供新能源、新技术应用的新思路。

2）蓄能发光多功能涂料与高亮反光路标组合技术的应用

蓄能发光多功能材料（图7-13）是现代新型的隧道辅助照明技术，不仅能够满足在隧道侧壁的反光要求，还能够自主发光来提高隧道内的亮度，保证行车安全。蓄能发光多功能材料与其他隧道照明灯具结合使用能够大幅增加隧道内亮度，达到经济节能的效果。

图 7-13　颜色众多的蓄能发光多功能材料

公路隧道照明的无级调光智能控制技术主要是基于LED灯来实现的。通过控制LED灯的电源电流和输出功率，其亮度调节范围可多达256级，适用于对于亮度级数调节较高的隧道照明工程。无级调光智能控制技术的原理是电压控制电流源亮度的控制方法，即利用直流信号电压控制LED的平均电流的变化。无极调光的电源损耗较少，电源的利用效率高，有很好的节能性。加入新的校正电路后，电源利用效率高达85%，系统的可靠性也有一定的提高。

雅康高速公路安乐隧道左线长504m，右线长436m，根据该隧道的长度、线形、朝向等地理位置及结构特点，在安乐隧道左线全线实施蓄能发光多功能材料、高亮反光标志和无级调光技术相结合的节能技术，隧道洞口效果图如图7-14所示。充分利用蓄能发光多功能材料的发光特性对隧道内照明环境的增益效果，同时敷设以该材料为核心的蓄能发光反光轮廓标、反光钉、反光环等系列产品提升隧道照明诱导性，提升驾乘人员的视觉舒适性，达到利用电光照明和汽车灯照明引起的视觉重构安全照明目的，为智能化控制技术制定低交通量下按需照明提供安全前提下的节能性指标。

图7-14 安乐隧道洞口效果图

2021年11月，蜀道集团藏高公司雅康高速公路的二郎山隧道地下风机房内，伴随着水流冲击发电机组发出的轰鸣，二郎山隧道自备电源项目正式投运（图7-15）。此前在高速公路隧道建设自备电源项目还未有先例，该项目属于国内外首创，综合技术达到了国内领先、国际先进水平。据介绍，二郎山隧道自备电源为引水式开发，雅康公司利用隧道消防用水在上游设置的取水点，在斜井内布引引水管道，利用取水点与地下风机房的高差，把水的位能和动能转换成电能。项目总装机为630kW，年平均发电量可达385万kW·h。该项目顺利投运以实际行动积极响应国家政策要求，项目运行后，每年可节省标煤约1600t；降低二氧化碳、二氧化硫等污染物排放量。

图7-15 二郎山隧道首创自备电源投运

3）瓷板无龙骨干挂技术的应用

随着建设水平的不断提高，我国隧道内壁装饰方案的选择也越来越多元化，新型化。瓷板无龙骨干挂技术作为新技术的一种，可有效解决传统的装饰方案中存在的表面粗糙、不易清洗、成本高等缺点。

　　雅康高速公路周公山隧道左线长4105m，右线长4179m。在周公山隧道实施瓷板无龙骨干挂技术和无级调光智能控制技术相结合的节能技术。瓷板无龙骨干挂技术作为周公山隧道洞口段装饰试验性工程，如图7-16所示，位于周公山隧道右线入口段，采用瓷板无龙骨干挂技术替代传统防火涂料，工程试验段长500m，高3m。

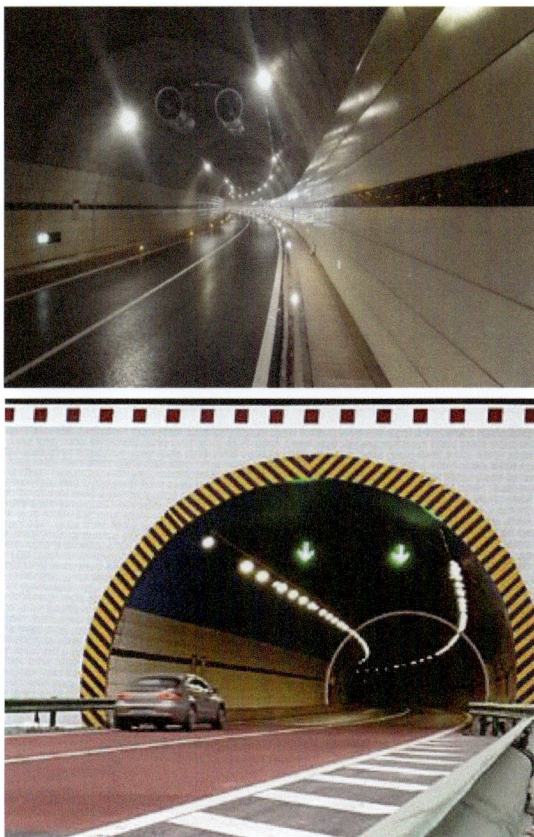

图7-16　周公山隧道右洞

7.3.3　综合利用清洁能源建设自发电智能电网技术

1）消防用水水能资源综合利用开发

　　雅康高速公路多数路段位于深山峡谷中，植被茂密，溪流支沟众多，水资源极为丰富。高速公路沿线可开发的水能资源主要集中在大渡河及其支流。大渡河为该区域的主要河流，其水量充沛，属于大型河流。瓦斯沟为大渡河一级支流，其集雨面积大，流量充沛。沿线支沟分布有五里沟、磨子沟、牦牛沟、冷竹关沟、喇嘛嘴沟、大河沟、大丈桥沟，各支沟虽集雨面积较小，但具有高程分布较高、距高速公路距离较近的特点。且部分支流仍处于原始状态，支沟民房及耕地稀少，除林地占用外，几乎没有移民安置问题，投资成本较低。将项目沿线流域、支沟的水能资源开发为小水电站，供高速区域的负荷用电。

从主流域及各支沟取水，科学合理利用项目的消防供水管道作为水电站的输水管道，在隧洞旁选取有利地形建厂发电，既保证了消防水源，又满足了高速公路的消防要求，同时还保障了高速公路沿线的电力供应。根据现场踏勘，并对水能资源初步分析，雅康高速公路泸康段开发利用的水电装机规模见表7-1。

雅康高速公路消防管道综合利用基本情况表   表 7-1

序号	位　置	装机（kW）	备　注
1	康定至泸定 C16~C19	5000	利用泸定和康定之间的自然落差，从康定瓦斯河取水，通过高速公路隧道消防管槽，布置压力管道引水至泸定大桥观景平台附近，解决隧道消防供水及观景平台、隧道管理站等用水，附带发电
2	二郎山隧道斜井、五里沟	6000	隧道斜井发电后尾水通过隧道排水沟从隧道泸定端排出，与从五里沟引水汇合后从隧道口通过压力管道输送至沙湾隧道附近设置发电机房，尾水排入大渡河
3	磨子沟	3400	从磨子沟高处引水，通过1500m压力管道引水至隧道口附近设置机房，尾水部分进入隧道作为消防用水，部分排入磨子沟
4	大河沟	2000	从大河沟高处引水，通过1700m压力管道引水至隧道口附近设置机房，部分尾水进入隧道补充消防用水，剩余部分排入大河沟
	合计	16400	—

2）风能资源利用

（1）风能发电。

雅康高速公路沿线的主导风向以北风为主，是风资源较好区域，适合风力发电。经过现场踏勘，大渡河河谷宽1~2km，两侧高山海拔约4000m，与河谷高差约2500m，山势陡峭，植被茂密，几无开发高山风电场的可能。河谷位置成风原理主要为河谷形成的狭管效应，但河谷跨度狭窄，两侧为陡峭高山，气流受地形影响将极不平稳，湍流较大，对风电机组安全运行影响较大。另外，现场可用位置有限，仅在大渡河西岸、特大桥南北两侧有两处平坦位置，现为村庄，无法满足大功率并网型发电机组的安装条件。因此，选用小型离网风力发电机组，采用分散式发电，直接提供隧道用电。

（2）利用自然风开展隧道通风节能。

国内外关于长大公路隧道的通风方式，一般分为全横向、半横向、纵向式三种基本方式，有时也采用半横向与纵向式相结合的混合式。

国内的隧道通风方式，也经历了由最初的全横向、半横向分段纵向逐渐过渡的过程。随着我国陆上公路隧道的大规模建设，针对特长山岭公路隧道的运营通风与防灾，我国有过一些专题研究，并形成了一定的经验和技术。

　　近年来，随着节能减排问题的日益突出，公路隧道运营节能问题备受各界关注，而公路隧道运营通风中自然风的利用技术逐渐成为研究的热点。对于公路隧道营运通风如何利用自然风压等问题，国内近年来针对公路隧道自然风的应用开展了诸多研究，形成了理论体系与相关应用技术。利用隧道内自然风进行通风节能，首先需要对其产生原因和计算方法进行研究，进而掌握隧道内自然风风流分布及变化规律。目前对于隧道自然风压计算方法、隧道内自然风设计风速确定方法及隧道利用自然风控制技术已经有了较为全面的研究。

　　根据二郎山隧道的工程特点与自然风压特征，将自然风利用技术应用于二郎山隧道工程实际，通过理论分析、数值计算与现场测试等手段，提出具体的应用方案与控制策略，最终实现二郎山隧道通风节能。

　　3）光伏资源利用

　　项目沿线位于光资源较好区域，其中康定等区域平均日照小时达到5h以上，适合光伏发电。通过对现场的多次踏勘和调研，二郎山隧道至康定段太阳能光伏资源较好，充分利用高速公路土地资源，可开发太阳能光伏电站6110kW，其分布情况见表7-2。

沿线太阳能分布情况表　　　　　　　　　　表 7-2

序号	位　　置	北纬 / 东经	装机（kW）
1	泸定特大桥及观景平台 C15 标段	29.58/102.12	1518.4
2	大杠山隧道 C17 标段	30.3/102.8	1708.2
3	牦牛沟 C17 标段	30.1/102.1	1704.55
4	泸定服务区 C2 标段	29.55/102.23	1463.65
5	日地斜井隧道 C18 标段	30.3/102.6	1423.5
合计			6110.00

　　综上所述，根据雅康高速公路用电负荷情况，利用风、光、水自然清洁能源发电，规划微网装机容量为24.01MW，其中水电作为微电网的主力支撑电网，风力和光伏因受气候环境影响较大，作为微电网的调节补充。雅康高速公路各清洁能源的装机配比见表7-3，微网系统能源分布及接入系统示意图如图7-17所示。

清洁能源的装机配比　　　　　　　　　　表 7-3

能 源 类 型	装机容量（MW）
水电	16.4
光伏	6.11
风电	1.5
合计	24.01

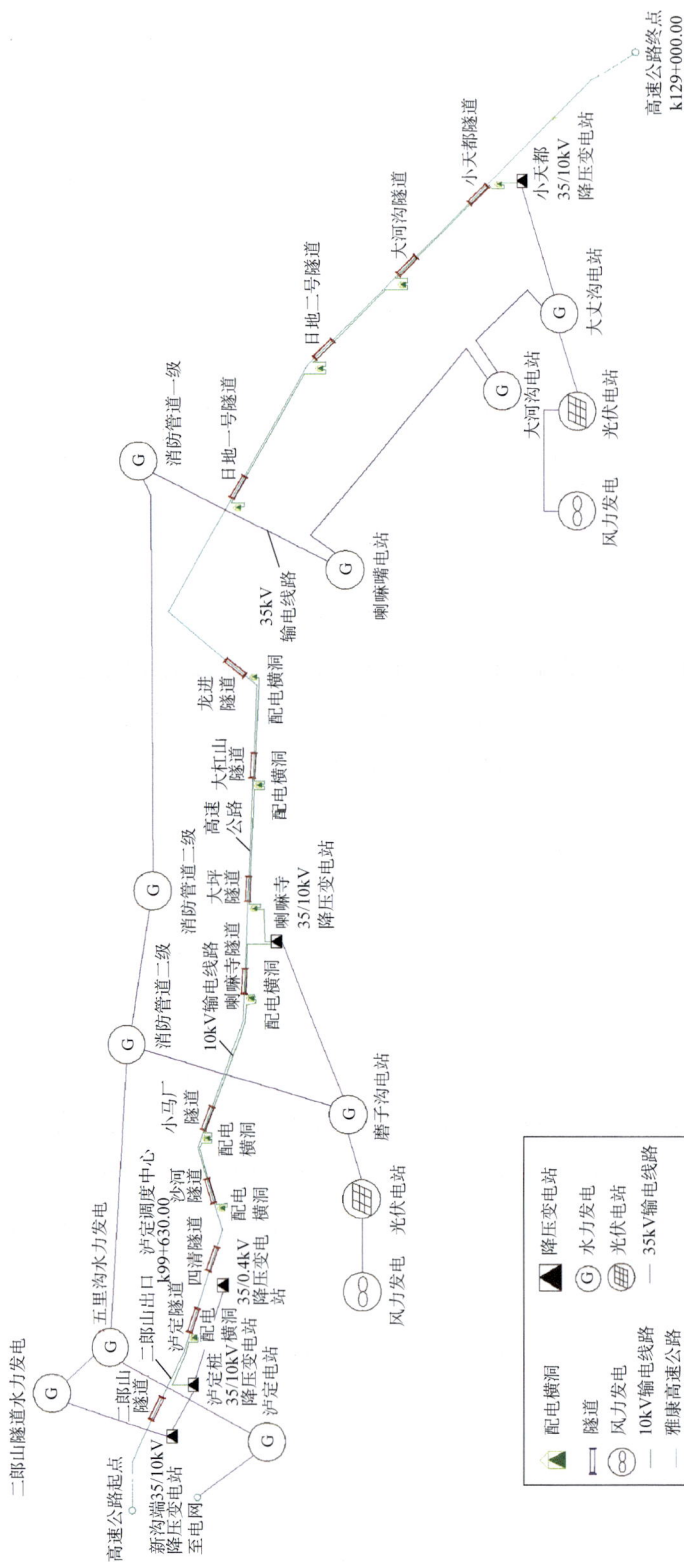

图7-17　雅康高速公路微网系统能源分布及接入系统示意图

第8章
交旅融合

8.1　总体目标

结合交通运输部有关"交通+旅游"的理念和弘扬"两路"精神要求，雅康公司根据民族特色、地域文化、旅游资源等特点，提出了"茶马古道、熊猫家园、红色泸定、康定情歌"公路文化主题，参建各方深入现场，认真调查，精心施工。对隧道洞门建筑、进出口遮光棚、特大桥梁护栏、路侧挡墙等结构物赋予地域文化元素，在全线互通立交、隧道进出口等位置设置雕塑小品，在满足安全使用功能的同时拓展景观功能，传承悠久历史、灿烂文化，弘扬"两路"精神。完成大渡河大桥超级工程交通旅游运营策划和方案设计，完成川藏公路馆设计方案。组织开展雅康高速公路交通旅游科研项目。全力打造主体服务区，更好地吸引广大驾乘人员主动休息、平安出行，天全"滚滚"服务区效果明显，带动了沿线的旅游产品开发。开展景观提升工作。努力将雅康高速公路打造成最美川藏景观高速大通道，使雅康高速公路整体环境舒适宜人，自然风光与现代工程和谐融合，保证项目工程内实外美。

1）围绕一个核心

以"文化体验"为核心价值，实现"一条廊道，多种文化体验"，即：得天独厚的自然民俗文化体验、底蕴深厚的历史文化体验、神秘圣洁的民族文化体验、资源丰富的红色文化体验。拓展旅游功能、培育旅游业态、创新管理机制，将雅康高速公路打造成集"交通+旅游+文化"等功能于一体的中国高速公路文化体验旅游第一品牌。

2）实现两大提升

"服务拓展，价值提升"跨越式发展阶段。以点带线，重点拓展雅康高速公路关键节点交旅融合功能，提升雅康高速公路全线旅游服务功能，带动旅游相关产业实现大发展，实现旅游收益主导的价值提升。

"构建格局，品牌提升"跨越式发展阶段。以线带面，全面构建雅康高速公路大旅游格局，依托雅康高速公路，提升区域旅游产业发展规模与水平，带动区域旅游精品化、品牌化、国际化建设，实现向世界知名高速公路旅游风景道的品牌提升。

8.2 品牌定位

提到雅康高速公路，无论是本地还是外地游客（含潜在游客），对雅康高速公路的直接印象都包括了雅安这座旅游城市以及康定这个藏族文化浓郁的民族旅游胜地。而具有历史文化价值的茶马古道，是一条连接川藏的古老通道，促进了川藏的经济、文化交流。雅康高速公路在很大程度上应打造"茶马古道"的形象概念，这是雅康高速公路旅游产品开发、包装、营销的整体概念。要凸显出这条高速公路所经过的古商道韵味，吸引游客探寻古老文化身后的新意。

雅康高速公路终点位于康定，康定自古以来就是康巴藏族人民聚居地区域政治、经济、文化、商贸、信息中心和交通枢纽。藏族文化一直以"神秘"和"神圣"为特色，民族区域的特殊性以及藏族浓郁的宗教氛围，使其文化表现出强烈的"神圣性"，沿G318线可以见到众多前往西藏的"朝圣者"。此外，"康定情歌"的广泛传播，又使得康定成为一处"情歌圣地"。因此，"朝圣"可以作为雅康高速公路的文化提炼元素的重点。

雅康高速公路途经四大地区，即雨城区、天全县、泸定县和康定市，所经过的景点更是不计其数，共同为雅康高速公路主题与品牌提供资源支撑。雅康高速公路是川藏最美景观大道、环贡嘎山世界高山生态旅游"快进""慢游"的重要通道。雅康高速沿线的旅游资源是一个整体，要实现各个旅游景点的有机整合，需要连接各个县区，提高高速公路沿线旅游区的整体效益。康定也是康巴文化著名的情歌圣地，一首《康定情歌》享誉世界，成为古道上的一颗璀璨明珠，也成为吸引游客前往的文化所在。

结合时事，再综合考虑雨城区的三雅、天全县的茶文化、泸定县的红色文化以及康定市的藏族风情与情歌文化，得出雅康高速公路的全新形象。依托康定的藏传佛教特色，以及雅康高速公路周边被誉为"中国最美国道"的G318线，古道与新途形成对比，引发游客思考过去、憧憬未来，吸引游客的到来，提升高速公路和景区的双效益。

综上所述，雅康高速公路结合所经市县的自然、人文资源，将其旅游主题与品牌定位为：川藏情歌天路。

8.3　形象设计

雅康高速公路的形象设计参考沿线自然山水、历史文化、民俗风情等旅游资源，提取了"二郎山""藏域风情""朝圣天路""哈达""茶马古道"等主题元素。通过提炼高速公路服务区的形象，体现翻越二郎山前往藏域朝圣的意境，主色调采用蓝天的颜色蓝色，体现藏域圣地蓝天白云之美，并结合抽象化的设计艺术手法，形成雅康高速公路的形象标识，象征着通达、自然、和谐、诗意。雅康高速公路的形象设计LOGO如图8-1所示。

图 8-1　雅康高速公路形象设计 LOGO

8.4　拓展旅游功能关键节点打造

8.4.1　大渡河特大桥

主题："雾涌云翻铺锦绣，云端之桥渡天河"。

结合历史文化、自然环境、民俗风情等特征以及市场发展趋势，客观、准确、全面地体现旅游主体的资源特色，由此形成本景点的旅游形象定位（图8-2）。使泸定大渡河大桥成为以"雾涌云翻铺锦绣，云端之桥渡天河"为主题的猎奇观光佳地，生态休闲乐土。

图 8-2　泸定大渡河大桥主题形象定位

根据对高山峡谷地形、文脉和市场发展趋势的分析，以大渡河峡谷旅游区为开发对象，选择合适河段，打造大渡河峡谷画廊水上旅游产品。泸定大渡河大桥旅游拓展项目包括攀岩基地、蹦极、探秘之旅、观景系统、桥头博物馆、塔顶参观及餐饮服务。

1）极限运动组团

（1）蹦极基地。

依托泸定大渡河大桥与高山峡谷设置蹦极基地，以安全起见，采用桥梁蹦极，在桥梁上伸出一个跳台，让游客体验摆脱生活束缚，感受像鸟飞出囚笼般的舒服与安逸，体会人生的真谛和对生命的渴望与珍惜，如图 8-3 所示。

图 8-3　蹦极基地意向图

（2）空中滑索。

"滑索"也称"速滑""空中飞人"，是一项具有挑战性、刺激性和娱乐性的现代化体育游乐项目，借助大峡谷与河岸的高差从高处向下滑行，使游客在有惊无险的快乐中感受刺激和满足，如图 8-4 所示。

（3）玻璃栈道。

依托大桥检修道打造旅游观光悬空透明玻璃栈道（图 8-5），玻璃栈道可采用混凝土框架结构，将 3.2cm 厚的双层夹胶玻璃与不锈钢龙骨架结合，每平方米承重达 1000kg，为游客游览风光带来别样体验的同时保障安全。

图 8-4　空中滑索意向图

图 8-5　玻璃栈道意向图

2）探秘之旅组团

（1）星空营地。

沿大渡河沿岸村落发展以户外运动为主题的营地类住宿设施，可包含集装箱营地、汽车露营地、木屋住宿等项目，可快速弥补旅游接待设施不足、设施档次不高等短期较难快速弥补的问题，对环境影响小，带动周边村民加入旅游服务中，如图 8-6 所示。

图 8-6　星空营地意向图

住宿区：集装箱营地、汽车露营地、木屋、帐篷营地；

休闲娱乐区：垂钓、音乐表演、篝火烧烤；

综合服务区：结合村落打造游客咨询点；

综合保障区：营位需要的水、电、气设备，通信设备、垃圾及污水处理设施、汽车补给、维修服务设施等。

（2）户外拓展运动。

在营地围绕特定的山野运动为主，面向目的地城市聚集具有相似爱好的群体，发展定制化旅游产品，基地包含多项户外探险设施，包括高空网阵、地面障碍等，如图8-7所示。游客可以在真实的自然环境中学习和体验专业的户外运动，带动泸定县等旅游设施落后的地区以差异化的思路发展新型旅游产品。

图8-7　户外拓展运动意向图

3）观景休闲系统组团

（1）星空咖啡厅。

利用泸定大渡河大桥索塔至高的特殊位置，依托塔顶建设打造高空观景台和咖啡厅（图8-8），以方便游客欣赏宏观的自然山水、气势宏伟的大桥景观，视野比较开阔，给人一种视觉上的震撼。

图8-8　星空咖啡厅意向图

（2）桥头博物馆。

在桥头结合已有工程和空间建设桥梁博物馆（图 8-9），展示四川甚至全国桥梁工程发展历程，打造成为交通工程重要科普基地之一。

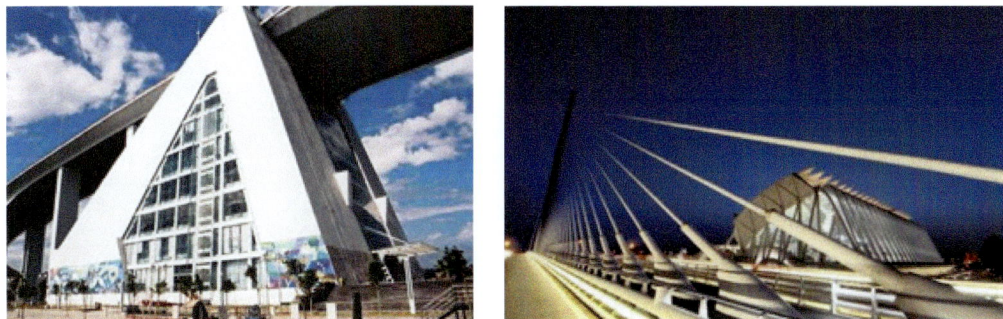

图 8-9　桥头博物馆意向图

（3）滨水景观带。

依托大渡河两侧大片河滩地和水库景观，利用泸定连接线的施工便道，打造桥头观景系统，打造雅安岸观景平台（图 8-10），建设停车区以及供行人漫步的亲水木栈道，并形成旅游节点及停车区的交通组织路线，游人即可欣赏大渡河波澜壮阔的水景观。

图 8-10　滨水景观带意向图

（4）精品客栈、酒店。

在大渡河锚碇新征空地打造精品主题客栈、酒店类产品（图 8-11），系统优化旅游接待设施水平，与周边旅游设施形成吃住行游购娱于一体的综合服务基地。

图 8-11　精品客栈意向图

8.4.2　天全服务区

主题：多彩天全魅力熊猫。

天全服务区所在的天全县隶属于四川省雅安市，是大熊猫的科学发现地，是大熊猫旅游主要目的地。通过对前期旅游资源梳理分析和客源定位分析，天全服务区拟打造"多彩天全魅力熊猫"为主题的服务区，通过熊猫符号的运用和游客互动设施的设置，吸引以儿童、青少年和喜爱熊猫人群为主体的游客驻足停留，打造以熊猫文化为主题的休闲娱乐活动中心。

天全服务区场平面积 86 亩，通过对天全服务区资源分析、游客需求分析和对游客感官刺激，具体项目内容设置见表 8-1。天全服务区拓展分区图如图 8-12 所示。天全服务区实景图如图 8-13 所示。

旅 游 拓 展 内 容　　　　　　　　　　　　　　　　　　　　　　表 8-1

拓展功能	面积（m²）	主要考虑的游客需求	拓展内容
逍遥乐购区	150	购	包括同城同价商超，地方土特产售卖、水果店、户外用品店等类型
熊猫文化体验馆	1000	购、娱	将熊猫文化作集中展示，转化为可营收的业态
休闲娱乐区	500	购、娱	包括茶室、咖啡馆、迷你 KTV、VR 体验馆等休闲空间，为来往司乘人员提供缓解疲劳的场所
餐饮中心	100	吃、购	加强餐饮品牌的质量，一是引进地方知名小吃，二是引入品牌店

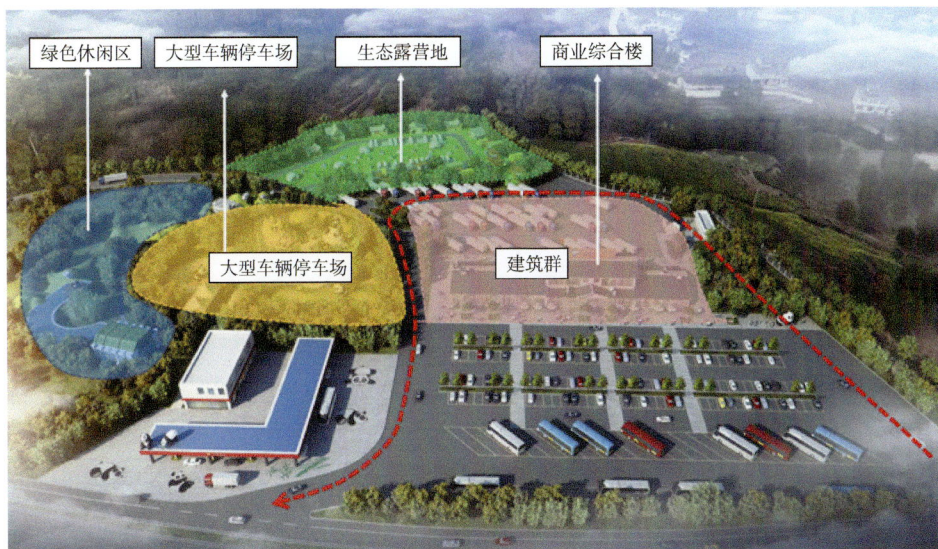

图 8-12　天全服务区拓展分区图

图 8-13　天全服务区实景图

逍遥乐购区：主打具有互动功能的彩绘熊猫、熊猫钥匙扣等熊猫手工礼品，设置熊猫王国邮局，售卖熊猫明信片，并且可以帮游客寄到世界各地去。同时售卖天全县香菇、竹笋、中药等以森林蔬菜为代表的特色商品。熊猫手工礼品王国之创意彩绘，如图 8-14 所示。

娱乐休闲区：针对不同游客需求设置茶室、咖啡馆、迷你 KTV、VR 体验馆等业态内容。针对儿童主打具有互动功能的彩绘熊猫、熊猫钥匙扣等熊猫手工礼品，设置熊猫王国邮局，售卖熊猫明信片，并且可以帮游客寄到世界各地。

图 8-14　天全服务区逍遥乐购区

　　熊猫文化体验馆：展示关于熊猫的起源、发展、现状，游客一览便识全局。同时推出"熊猫领养计划"，带动游客将心仪的"大熊猫"带回家（图 8-15）。

图 8-15　熊猫文化馆

　　餐饮中心区：依据一区一品原则，引进天全当地传统美食，主要为红油鲜笋、红油蕨菜等森林蔬菜特色餐饮和头碗丸子、锅圈子、天全焦饼、桥头堡抄手、春花大饼、藤椒抄手等特色小吃。除此之外，引入知名品牌业态麦当劳、成都火锅、面包新语等品牌餐饮店，满足不同游客需求，打造"自主特色＋地方传承"为主题的餐饮文化中心，如图 8-16所示。

图 8-16　特色小吃售卖

此外，雅康高速公路天全互通连接线"天全之眼"，如图 8-17 所示。全长 1.53km，是天全城市交通的标志性项目，路线展线为犹如"伦敦之眼"的螺旋设计，是天全县目前已建成投入资金最大、修建难度最大、颜值最高、最有地标象征的大桥建筑。

图 8-17　雅康高速公路天全之眼

8.4.3　雅安服务区

主题："品茶马文化精神，沐千年古道茶风"。

雅安地处汉藏文化交汇融合之地，古属青衣羌国，是茶文化发源地，也是中国南路边茶茶马古道的起始地。茶马古道作为连接不同地域文化、打通中国对外交流途径的道路，起到了相当重要的作用。雅安草坝服务区从挖掘茶马古道和藏茶的文化符号体系入手，从视觉、听觉、味觉、知觉等游客体验作为出发点，调动游客感官，触动游客心灵，形成"品茶马文化精神，沐千年古道茶风"的综合旅游体验，将雅安草坝服务区打造成一处以自驾旅游集散中心为核心的交通和文化驿站，如图8-18所示。

雅安服务区场坪面积98亩，通过对雅安服务区资源分析、游客需求分析和对游客感官刺激，设置具体项目见表8-2。雅安服务区拓展分区图如图8-19所示。雅安草坝服务区实景图如图8-20所示。

图 8-18　茶马文化主题元素

雅安服务区服务拓展内容 表8-2

物质化载体	面积（m²）	主要考虑的游客需求	拓 展 内 容
逍遥乐购区	100	购	展售雅安藏茶、蒙顶山茶、荥经黑砂、猕猴桃等特色旅游伴手礼，伴手礼倡导茶马文化融入，形成雅安草坝服务区特色
茶文化体验展示中心	110	娱、育	分为茶源馆、工艺馆、品铭轩三个展厅，向人们展示茶马文化及发展史。结合游客休息区，增设茶马文化娱乐体验活动，提高游客体验感
特色小吃售卖区	60	吃	砂锅雅鱼、棒棒鸡、焦饼、玉米番茄羹、达达面、火锅牛肉粉、竹笋、榨榨面、蔡鸭子

图 8-19 雅安草坝服务区拓展分区图

图 8-20 雅安草坝服务区现状图

逍遥乐购区：结合服务区建筑设置逍遥乐购区，主打雅安藏茶和荥经黑砂为代表的雅安特色商品和伴手礼，倡导创意融入产品。逍遥乐购区意向图如图8-21所示。

图 8-21　逍遥乐购区意向图

茶文化体验展示中心：雅安雨城区作为藏茶的故乡、茶马古道川藏线的起点，在此服务区设茶文化体验中心，分为茶源馆、工艺馆、品铭轩三个展厅，让游客驻足品茗、欣赏"天风十二品""蒙顶龙行十八式"献茶技艺，体验国家非遗藏茶制作技艺，如图8-22所示。同时结合户外游客休息区，设置与茶马古道相关的民间歌舞、劳动号子、民间体育竞技等，丰富游客的体验感，满足多样化的感官需求，打造生产、体验、参观、购物等为一体的体验展示中心，将雅安厚重、纯美、神秘、博大的茶马文化展现给游客。

图 8-22　茶文化体验意向图

特色小吃售卖区：一区一品，将雅安草坝服务区打造成茶马文化风格，引入砂锅雅鱼、棒棒鸡、焦饼、玉米番茄羹、达达面、火锅牛肉粉、竹笋、雅安石棉烧烤、贡椒鱼火锅、榨榨面、蔡鸭子等特色小吃和快餐，全面展示雅安的美食文化，吸引游客慕名前来，形成雅康高速公路独特的餐饮品牌，如图8-23所示。

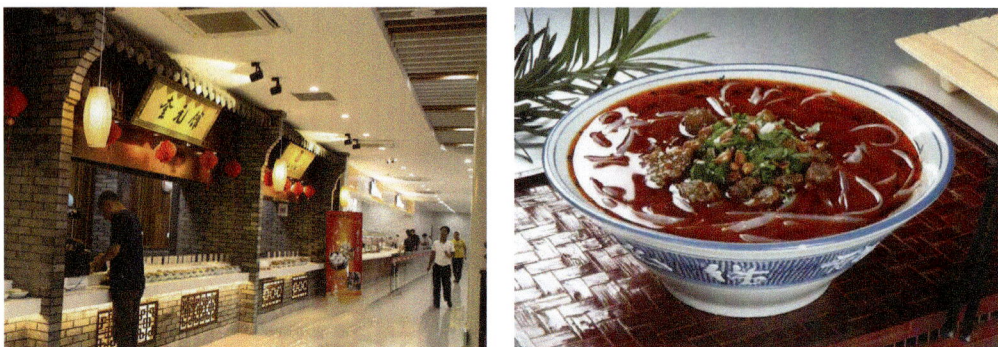

图 8-23　特色小吃售卖意向图

游客服务中心：设置游客休息区，为游客提供等候休息的区域、残疾人服务点；建立旅游信息服务系统，提供换乘信息便利查询、景区介绍、民俗风情介绍、旅游路线推荐及周边景区门票购买等服务。

8.4.4　喇叭河综合体

主题：川藏线上的明珠，大地凝固的音符。

根据现场调研及资源分析，喇叭河综合体不仅风景优美，气候宜人，动植物种属丰富，珍稀保护品种众多，水利、森林、旅游等自然资源丰富，历史文化和民族文化浓厚，交通便利，而且当地盛产天麻、雅山药、竹笋、香菇等，有茶叶基地、猕猴桃基地、中药材基地、山地鸡基地、生猪基地等。同时对国道进行开放，人流量相当大。因此，喇叭河综合体将成为以"川藏线上的明珠，大地凝固的音符"为主题，集滨水餐厅、休闲商业等功能为一体的川藏第一站主题服务区。

喇叭河综合体占地59亩，结合旅游服务群体特征分析，根据喇叭河综合体地理条件、资源分布及游客集散等特点，喇叭河综合体服务拓展内容见表8-3。喇叭河综合体拓展分区图如图8-24所示。

喇叭河综合体服务拓展内容　　　　　　　　　　　　　　　　　　表 8-3

物质化载体	面积（m²）	主要考虑的游客需求	拓 展 内 容
集散中心区	20000	购、游、娱	特产售卖区、民俗文化展示区、创意展示区、共享市场
精品休闲区	200	吃	滨水餐厅、精品咖啡、艺术体验、VR（虚拟现实）体验
景观游乐区	500	娱	儿童乐园、主题公园、设施小品
沿河打造生态湿地景观	500	娱	湿地景观、人工鸟巢、教育类标识标牌

图 8-24　喇叭河综合体拓展分区图

集散中心区：喇叭河综合体是游客进入喇叭河景区必经之路，同时因为对国道G318线进行开放，游客量很大，因此，喇叭河综合体可作为旅游集散中心，打造集散中心区。根据以上对自然资源、历史文化、民族文化的特征分析，在喇叭河综合体设计中，针对不同年龄段的游客，丰富活动内容，凸显地方特色，除了设置特产售卖区外，还增加共享市场区、民俗演艺区等内容，打造成为进藏第一站的集散场所。

共享市场区——高速公路服务区与国道G318线共享市场；

民俗演艺区——川藏民俗文化演艺广场；

特产售卖区——打造"一县一品"特色农副产品及工艺品；

创意展示区——借助强大的人流量，为品牌宣传提供展示空间，如图8-25所示。

图 8-25　创意展示区意向图

精品休闲区：依托天全河独特的自然优势设置精品休闲区，如图8-26所示，打造生态玻璃花房主题精品餐厅，让游客在森林中品位河鲜滋味，欣赏天全河景。打造时注重周边环境融合，设置污水处理系统，防止对天全河造成污染及对生态环境的破坏。

图 8-26　精品休闲区

景观游乐区：如图8-27所示，喇叭河综合体景观游乐区，为驾驶疲劳需要休息的游客提供娱乐休闲的地方，同时结合主题公园设施儿童游乐区，让带孩子的游客在乐园中进行亲子互动玩乐，增进感情。

主题公园——为游客提供一处缓解疲劳的场所；

儿童乐园——结合主题公园设儿童游乐场地；

设施小品——设置休闲座椅、雕塑小品等设施。

图 8-27　景观游乐区

生态湿地景观：天全河为珍稀鱼类自然保护区，结合原地形的水域，营造湿地湖泊景观，采用近自然的理念，突出生态保护功能，建立良性循环生物链，平衡繁衍，并设置人工鸟巢、倒木吸引鸟类的栖息，同时营造优美环境便于游客欣赏，如图8-28所示。

图 8-28　生态湿地景观意向图

湿地景观——沿天全河建造湿地景观，增加环境吸引力；

人工鸟巢——设置人工鸟巢、倒木，吸引鸟类的栖息；

教育类标识标牌——湿地教育及鸟类教育标识标牌。

8.4.5　泸定服务区

主题："化云水襟怀，乐阳光康养"。

泸定服务区设计以"化云水襟怀，乐阳光康养"为设计主题，打造服务区特色人文与景观，将"景观互动"的理念运用到场地设计中，不仅提供一处精致美观的休憩观景区域，同时也能让游客了解当地的历史文化和自然风光，并亲自与场地的景观进行互动，提高景观与人的亲和性，同时起到美化、宣传泸定地域文脉的作用。

泸定服务区占地40亩，根据泸定服务区地理条件、资源分布及游客集散等特点，结合旅游服务群体特征分析，泸定服务区服务拓展内容见表8-4。泸定服务区拓展分区图如图8-29所示。

旅 游 拓 展 表　　　　　　　　　　　　表 8-4

物质化载体	面积（m²）	主要考虑的游客需求	拓 展 内 容
特色产品售卖中心	100	购	展售冬虫夏草、贝母、天麻、大黄、薯蓣等药用生物，松茸、木耳、羊肚菌、荞巴菌、猴头菌等野生食用菌等
阳光康养中心	100	住、娱	构建生态体验、度假养生、温泉水疗养生、森林养生、矿物质养生等
红色文化广场	80	娱、育	"二十二勇士飞夺泸定桥"特色景墙等

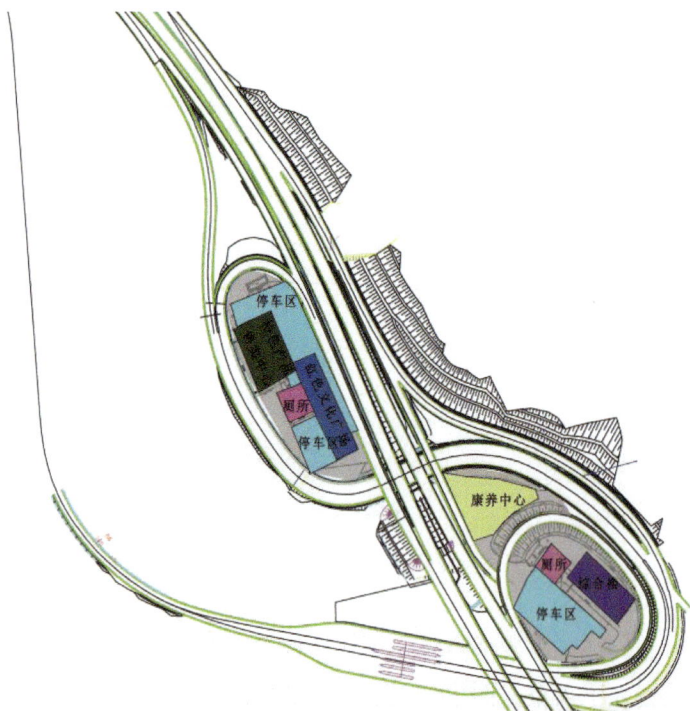

图 8-29　泸定服务区拓展分区图

特色产品售卖中心：泸定县冬虫夏草、贝母、天麻、大黄、薯蓣等药用生物资源蕴藏量较大，此外当地特产还有松茸、木耳、羊肚菌、荞巴菌、猴头菌等野生食用菌（图8-30），在服务区建筑内设置农产品售卖点，带动当地经济。

图 8-30　特色产品意向图

阳光康养中心：利用附近民居建筑（图8-31），构建生态体验、度假养生、按摩养生等阳光康养中心（图8-32），构建生态体验、度假养生和按摩康养等养生业态，打造养生度假区生态民宿，形成生态养生产业；实行药食同源，对泸定地区健康食品进行开发，亦可以与休闲农业相结合，通过发展绿色种植业、生态养殖业，开发适宜于特定人群、具有特定保健功能的生态健康食品，同时结合生态观光、农事体验、食品加工体验、餐饮制作体验等活动，推动健康食品产业链的综合发展；还可依托泸定地区的山地、峡谷、水体等地形地貌及资源，发展山地运动、水上运动、户外拓展、户外体育运动、定向运动、养生运动、传统体育运动、徒步旅行、探险等户外康体养生产品，推动体育、旅游、度假、健身等业态的深度融合发展。

图 8-31 民居建筑现状

图 8-32 阳光康养中心

红色文化广场：服务区场地内设置入口"二十二勇士飞夺泸定桥"特色景墙等，如图8-33所示，在为游客提供停车休憩场所的同时，唤起人们的爱国情怀，展示泸定灵魂，延续泸定历史，承载地域文化，记录光荣经历，挂念昔日情怀，象征时代骄傲，催醒世人灵魂。

图 8-33　特色景墙意向图

旅游服务展示机：泸定服务区场平面积较小，可拓展的旅游功能有限，所以该服务区以提供基本旅游服务为主，设置旅游服务展示机（图8-34）代替旅游咨询中心可为游客提供周围景区介绍、民俗风情介绍、旅游路线推荐及泸定桥、贡嘎山等周边景区门票购买等服务。此外，也可考虑在临近重要旅游景点地方以及红军长征遗址地选址，努力挖掘下泸定以及其他红色文化，拓展设计红色文化生活体验基地，将红色文化与当地的村落相结合，形成集红色文化与农家休闲于一体的阳光康养地区，亦可加入地域文化特色，并通过植物、小品景观或广告牌等形式宣传周边旅游特色。

图 8-34　旅游服务展示机

8.4.6　康定服务区

主题："溜溜民歌醉天下，康巴风情净土芳"。

康定服务区设计以"溜溜民歌醉天下，藏家风情净土芳"为设计主题，打造藏家风情特色服务区，让游客在康定服务区体验康定藏家风情，了解当地的历史文化，起到宣传康定地域文脉的作用。

根据康定服务区地理条件、资源分布及游客集散等特点，结合旅游服务群体特征分析，康定服务区服务拓展内容见表8-5，康定服务区拓展分区图如图8-35所示。

康定服务区服务拓展内容　　　　表 8-5

物质化载体	数量（项）	主要考虑的游客需求	拓展内容
综合服务区	1	购	提供旅游咨询服务等基本服务
藏式酒店	1	吃、住	提供特色住宿、餐饮等服务
自驾露营地	1	住	快速弥补康定旅游接待设施不足，提供帐篷租赁、炊具租赁、卫生洗浴等服务
藏家特产售卖点	1	购	售卖藏家特色小吃、藏家特产和传统工艺品等
音乐道路	1	娱	感受道路音乐新科技与康定情歌相结合

图 8-35　康定服务区拓展分区图

综合服务区：主要为旅客提供旅游咨询服务，建立旅游信息服务系统，提供换乘信息便利查询、车票预订服务、可定制出行服务等多层次、个性化、精准化的出行需求；提炼藏族风格建筑形式，应用于服务区建筑的外立面中，突出当地民族特色。在综合服务区设置生态集散停车场，地面均采取生态化处理，车位之间使用花隔离，利用各种植物景观和建筑小品，形成园林式的生态停车场。休息大厅内设宣传展板、宣传资料发放架及计算机触摸屏，对景点、设施及服务进行介绍，并设置专门宣传展区，利用沙盘、标本、显示屏、印刷品等向游客全面展示度假区的资源、设施、保护、研究等相关内容。同时，增加自助售票系统和景区体验评价系统，将周边景点囊括其中，可通过自助售票系统提前获取景区门票以及景点说明，通过景区体验评价系统对景区进行评价，不仅可以帮助提升景区服务质量，还可以为后续游客的游玩提供参考依据。设置特色农副产品售卖点，引进康定芫根、红皮萝卜等地理标志性产品，将高原人参、川贝母、康定鹿茸等中药材纳入其中，既满足了游客购物的需求和愿望，又带动了地方经济发展。综合服务区意向图如图8-36所示。

图8-36　综合服务区

藏式酒店：可起到旅游旺季时的游客分流作用，结合当地藏族的民居特色，为游客提供住宿、餐饮等服务（图8-37）。屋外可以架设露台，安放沙发桌椅，让入住旅客享受高原的美景。提供藏族歌舞表演等特色文娱活动，使游客在游憩观赏的同时，了解当地文化，增加游客游憩观赏体验。结合休憩广场设藏族文化风情互动区，在固定时间举行户外歌舞活动；同时结合康定凉粉、魔芋烧鸡、金钩玉米馍等特色餐饮，吸引游客由"快进"转为"慢游"。

自驾露营地：在相对平坦的地块设立自驾游营地（图8-38），分设帐篷宿营区、就餐区、娱乐区、卫生区等区域。提供帐篷租赁、炊具租赁、卫生洗浴等服务，让游客可以体验亲自搭建帐篷、制作食物的乐趣，享受自由、随意、放松的，不同于城市快节奏的娱乐休闲体验，同时提供简单的车辆维护服务。

图 8-37　藏式酒店

图 8-38　自驾车营地

藏家特产售卖点：主要以藏式物品为主，以藏家特色小吃、藏家特产和传统工艺品为主（图8-39）。作为以往茶马古道的一部分，该路段曾经是西藏特产——藏药和皮毛运输的必经之地，运输物流也被作为老康定的三大产业之一。

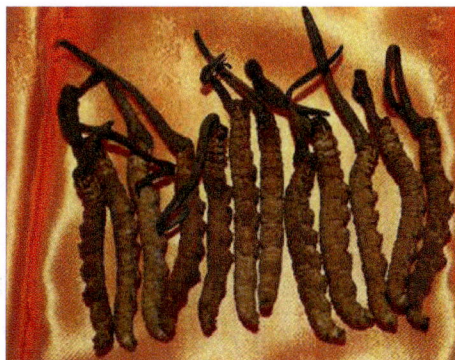

图 8-39　藏家特产售卖

音乐道路：推荐康定服务区出入口或服务区内部道路，以"康定情歌"的著名曲目打造音乐公路（图8-40），塑造"情歌天路"品牌形象。

图 8-40　音乐公路

8.5 "两路"精神在公路文化景观设计中的应用

公路景观是公路文化的载体，同时也是公路文化重要的传播方式。充分发掘和提炼公路沿线路域文化，合理谋划，精心布局，尽量在不增加造价甚至降低造价的前提下，把沿线的历史人文和民族风情充分、合理地展现在高速公路的两侧或服务区中，将有力推动雅康高速公路的景观设计，提升雅康高速公路的人文内涵和服务品质。为此，雅康高速公路文化景观设计树立了以"'两路'精神为指引、安全通畅为前提、地域文化为主导、民族风情为支撑、功能整合为目标"的设计理念，依托桥梁、隧道、服务区等为载体，传播"两路"精神。

8.5.1　桥梁展示"两路"精神

桥梁是公路重要的结构物，也是高速公路文化景观打造的重要节点。桥梁作为文化传播的重要载体，能够反映地域特色，体现传统文脉传承，展示时代人文风貌。泸定大渡河大桥是雅康高速公路的重点控制性工程，被称为"川藏第一桥"，是"两路"精神传播的重要载体。大渡河大桥位于大渡河深切峡谷区、构造剥蚀中高山地貌，正处于四川盆地至青藏高原爬升段；两岸边坡陡峭，大桥地处泸定断裂带和鲜水河断裂带之间，地震活动频繁，对建筑抗震要求极高。大桥所在地形为典型的高海拔深切U形峡谷地形，

峡谷内为典型的干热河谷气候，峡底和谷顶温差以及桥位昼夜温差大，影响风场因素多。在满足桥梁结构安全的基础上，大渡河大桥采用了双塔、单跨悬索桥的形式，两岸主塔采用门形结构，大桥全长1411m，主跨1100m，实现了古老大渡河上史无前例的千米级桥梁。大桥索塔高188m，桥面距下面高差达200m，形成了峡谷高桥的壮丽景观，产生了让人震撼的工程之美、力学之美。桥梁涂装是桥梁文化景观设计的重要内容，美国旧金山的金门大桥因其橘红色的涂装而闻名于世，橘红色的涂装不仅与湛蓝的海水组成了壮丽的景观，同时使金门大桥在浓雾中容易辨认，保障了桥梁安全。大渡河大桥所在的泸定县是我国著名的历史文化名城，红军长征飞夺泸定桥的故事在中国家喻户晓，20世纪50年代川藏公路上的大渡河大桥由刘伯承元帅亲自题写桥名（图8-41）。结合泸定的长征精神和"两路"精神等红色文化，大渡河大桥采用了红色涂装，高原上蓝天白云，披上"红妆"的大渡河大桥在阳光照射下宏伟壮观（图8-42）。雅安岸采用隧道式锚碇，康定岸采用重力式锚碇，当驾乘人员往康定方向行驶时，巨大的重力式锚碇会展现在人们眼前，建设者将"弘扬'两路'精神，建设超级工程"的标语铭刻于重力式锚碇上，将混凝土构筑物变成了公路文化景观。

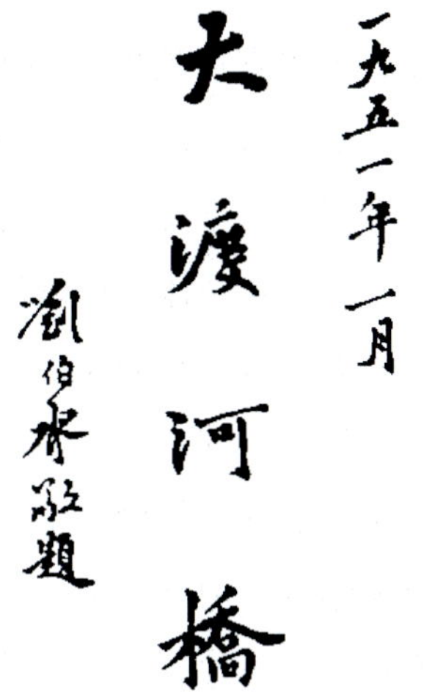

图 8-41　刘伯承元帅亲自题写泸定大渡河大桥桥名

图 8-42　泸定大渡河大桥

大渡河大桥是建设在高海拔、高地震烈度带、复杂风场环境等极其复杂条件下的特大跨径桥梁示范工程。2019年国际桥梁大会上，泸定大渡河特大桥荣获IBC"古斯塔夫·林登少"金奖。该桥不仅是弘扬"工匠精神"建设的超级工程，更是对"两路"精神的传承。

8.5.2 隧道展示"两路"精神

藏族人民聚居地区域高速公路有着大量长隧道和隧道群。隧道洞口是交通事故多发地段，对隧道洞口进行景观文化设计，可以人为设置景观的兴奋点，缓解驾乘人员的疲劳，在保障行车安全的同时传播公路文化。隧道是公路景观展示的重要节点，洞口是十分重要的文化载体，可以从洞铭牌、洞门形式等方面展示地方文化特色。雅康高速公路起点雅安拥有丰富的汉代文化遗产，其中汉阙最具代表性。汉阙是我国现存的时代最早、保存最完整的古代地表建筑，梁思成先生曾赞美雅安高颐阙为"中国最美汉阙"。在二郎山隧道的洞门设计中，以两个对称的融入藏族元素的"汉阙"为基本元素，传递了民族团结的"两路"精神。20世纪50年代修筑川藏公路时，《歌唱二郎山》将人民解放军发扬"一不怕苦、二不怕死，顽强拼搏、甘当路石，军民一家、民族团结"的"两路"精神，修筑康藏公路的艰辛和决心传遍全中国。尽管打通了二郎山公路，但"车过二郎山，如过鬼门关"的顺口溜仍然在川藏线上流传了半个世纪。2001年底，川藏公路二郎山隧道竣工，打通了进入甘孜藏族自治州藏族人民聚居地区域的咽喉，被甘孜藏族自治州人民称为"第二次解放"。而雅康高速公路二郎山隧道的建成，更是天堑变通途。为此，雅康高速公路二郎山隧道洞门的两端镌刻上了"青山绿水长，曲折在二郎"的对联。此外，在隧道洞门还设置了"筑路先锋"的雕塑，两位拿镐、扛大锤的解放军战士和三位拿着图纸、测量仪、风钻的修路人，既代表着修建国道G318线老二郎山隧道和二郎山高速公路两代建设者，也象征着"两路"精神的传承。

科学技术的进步为公路文化景观的展示提供了新的可能。除正常的隧道照明外，在二郎山隧道中部，8万个LED矩阵灯点亮隧道顶部，红叶、蓝天、星空图案交替出现，让人犹如进入时空隧道（图8-43）。尤其是巨幅国旗的LED灯光矩阵，给往来驾乘人员带来了极大的震撼，弘扬"两路"精神、建设交通强国的形象深入人心。

8.5.3 服务区展示"两路"精神

服务区是驾乘人员在高速公路停留时间最长的区域，也是文化景观打造的重点。传统的服务区主要是为驾乘人员提供洗手间、停车休息区、加油站、商店以及餐饮

图 8-43　二郎山隧道展现"两路"精神

等功能。雅康高速公路作为民族大通道和川西旅游的大动脉，对服务区提出了更高的要求。雅康高速公路主要通过服务区的建筑和景观设计，展示民族团结的"两路"精神。雅安服务区以"茶马古道"为主题，主要展示汉文化。服务区选择以自然材料构造的建筑材料，并考虑与现代建筑风格相结合；建筑色彩上采用木色、青色、白色等自然的颜色；建筑形式上采用屋顶出挑、吊脚、灰空间等。

泸定服务区以"红色文化"为主题，泸定既是雅康高速公路的重要转折点，也是汉（雅安）藏（康定）文化过渡点，以厚重、重复性的方式来表现，主体建筑采用红色，在服务区内设置了红军飞夺泸定桥的雕塑（图8-44）。

图 8-44　泸定服务区

康定服务区主要以"康巴文化"为主题，展示康巴藏族文化。建筑形式突出厚重感，采用屋顶大出檐、窗户小出檐、水平屋面、墙体收分等手法；建筑材料采用白泥、石材、木材；建筑色彩使用藏族人民聚居地区域常见的白、红、黄等。

8.5.4 挡墙展示"两路"精神

雅康高速公路的文化景观营造坚持保障行车安全、造价节约、生态性等原则。高速公路车辆行驶速度快的特点决定了公路景观文化的打造主要在边坡、挡墙以及桥梁、隧道等结构物上。对于条件允许的边坡，秉持"不破坏就是最大的保护"原则，尽量恢复植被。对于人工痕迹较重的边坡、挡墙进行艺术设计，使其尽量融入周围环境之中。雅康高速公路按照交通运输部标准化设计、品质工程、绿色公路等相关文件要求，充分考虑驾乘人员的视觉感受，边坡设计充分体现汉、藏、羌等民族风格，以抽象化的文化元素对不同工程的表面进行几何勾缝、分块，在大体积混凝土表面进行彩色图案的涂装布置。在泸定大渡河大桥的康定端，毛泽东的《七律·长征》镌刻在挡墙上："红军不怕远征难，万水千山只等闲。五岭逶迤腾细浪，乌蒙磅礴走泥丸。金沙水拍云崖暖，大渡桥横铁索寒。更喜岷山千里雪，三军过后尽开颜。"诗句在1951年曾题刻于川藏公路大渡河吊桥的桥头，如今又镌刻在雅康高速泸定大渡河大桥的桥头，展现了"两路"精神的传承。在雅康高速公路终点康定的挡墙上，则写上了《汽车奔驰在雅康高速上》的歌词："汽车奔驰在雅康高速上，哈达连接的天地间，情歌康定不再遥远……雅康高速路，穿行群山间飞跃大渡河，拥抱大高原，藏汉一家亲，心手紧相连。"歌词唱出了新时代雅康高速公路作为民族团结之路、藏族人民聚居地区域文明进步之路、各族同胞共同富裕之路的使命。川藏公路馆展示"两路"精神国内外经验表明博物馆可以成为公路文化的重要载体。

雅康高速公路区域条件优越，沿线旅游资源丰富，自然、人文、历史、民族文化多样。在雅康高速公路上修筑川藏公路馆，可以成为交通运输行业交通、文化、旅游融合的示范。泸定是汉藏交流的必经之地，是历史文化名城，红军飞夺的泸定桥以及川藏公路大渡河桥在泸定留下了深刻的红色记忆。雅康高速公路泸定大渡河大桥的康定端，原计划利用重力式锚碇修建雅康高速公路桥梁馆，在新时代弘扬"两路"精神课题组的建议下，拟改建为川藏公路馆。根据政策利好性、区位独特性、资源丰富性及作用的重要性，坚持以传承"两路"精神为主线，以展示川藏公路的历史变迁为重点，充分反映川藏公路的建设成就，深刻凝练四川公路建设的交通人文，通过内容的吸引力与形式的互动性、集中展示与分散展示的有机结合，把该馆建设成集形象展示、文化传承、宣传教育、旅游体验为一体的多功能公路交通文化主题展馆（图8-45）。川藏公路馆的建筑设计秉承"远上重山"的设计理念，依托现有锚碇，将周边连绵群山抽象提取，形成群山意向，将"两路"精神与建筑设计有机融合。

图 8-45　蜀道集团川藏公路馆

第9章
建设成就

在管理方面，提出"五坚持、五加强"管理体系等，加强设计施工管理，重视绿色集约与生态保护，重视人才培养。在项目整个建设过程中，注重创新引领，摘得"6个第一"、开创"7个首次"，获得多项国内外工程奖项与科技奖项，入围国家重大工程档案，成就卓越。

9.1　超级工程

雅康高速公路是目前四川省乃至全国桥隧比最高、施工难度最大的高速公路之一。全线的海拔高差达到 1900m。

这是一个关于雪域高原的筑路梦，承袭着几代人的热血与青春。它打开了川藏地区通往繁华世界的天然屏障，是当地脱贫致富的康庄大道，更是"两路"精神在新时代的延续。作为四川甘孜藏族自治州的首条高速公路，与蜿蜒曲折的国道相比，它将成都至康定的行车时间由原来的 7 个多小时，缩短到现在 3 个多小时。雅康高速公路的建成通车，为甘孜藏族自治州经济发展打通了"主动脉"，为当地经济插上了腾飞的翅膀，旅游业迎来新发展，扶贫工作迈入快车道。体现了"藏汉一家亲，共谋致富路"。

由于雅康高速公路位于四川盆地向青藏高原快速攀升的梯度带，海拔相差了足足 1900m，相当于从四川盆地的底部，穿越横断山脉的高山峡谷。加上处于地震断裂带上，

随时有滑坡、崩塌、泥石流等危险。地形条件极其复杂、地质条件极其复杂、气候条件极其恶劣、生态环境极其脆弱工程建设极其困难。雅康高速公路的建设，面临安全、经济、生态、便捷等一系列重大技术经济问题的挑战。控制性工程二郎山特长隧道长度居全国在建高速公路隧道第二；泸定大渡河大桥主桥跨径达1100m，在同类桥型中居全省第一；长达50km的隧道群穿越高山峡谷，工程施工极其困难。

顺利建成的雅康高速公路，实现了"两个跨越"：四川高速公路从平原向高原的跨越、四川高速公路建造能力的跨越。2019年6月，泸定大渡河大桥荣获IBC"古斯塔夫·林德撒尔"金奖，成为雅康高速公路上名副其实的"网红桥"。

从平原到高原，面对近2000m的高差；从决策者到建设者，面临着超级工程的设计、施工、组织、管理、技术等各方面的挑战。雅康高速公路不仅将"难于上青天"的蜀道变成了坦途，也探索出一条载入中国公路史册的创新之路，更将川藏路的精神财富传承与发扬！

为保通川藏公路，60多年来，国家投入大量人力物力，数以万计的交通建设者对川藏公路进行大规模改造，攻克了冻土公路、桥梁建设和养护等多项技术难题。进藏高速公路的修建，不仅攻克了藏区高速公路面临的一系列世界性难题，也为以后川藏走廊重大基础设施建设提供了宝贵的经验。

从川藏公路到川藏高速，一代代交通人在建设、养护进藏公路的过程中，续写着"两路"精神的新时期故事。他们无数次向深山峡谷发起挑战，将"不可能"变成"可能"，在中国960万 km^2 的神州大地上建设一个又一个举世瞩目的中国超级工程。

9.2 技术成就

对于攻关性的研究类项目，按照任务书内容、实施方案与进度要求顺利推进研究，过程中，将项目研发的成果及时在工程中进行应用，积极提炼创新成果。对于"四新"技术，涉及新技术的，需要设计变更的及时纳入设计，在施工过程中按设计施工；涉及新设备的，根据工期要求及时进场作业；涉及新材料的，及时采购、检测与应用；涉及新工艺的，加强技术人员培训，保障新工艺在施工过程中顺利实施。从建设初始到最后，取得了瞩目的技术创新成就。

9.2.1 6个第一

（1）泸定大渡河大桥雅安岸隧道式锚碇（图9-1）长159m，为世界第一长隧道式锚碰，入选CCTV《超级工程Ⅱ》。

图 9-1　泸定大渡河大桥雅安隧道式锚碇

（2）二郎山隧道（图9-2）长13459m，为全国已通车高海拔地区高速公路隧道长度第一。

图 9-2　二郎山隧道

（3）泸定大渡河大桥（图9-3）主跨1100m，为四川省已通车高速公路主跨长度第一。

（4）机电工程共安装1500个高清摄像头、3.5万盏隧道灯、538台风机，造价约10亿元，为四川省已通车高速公路第一，机电控制中心，如图9-4所示。

（5）隧道（图9-5）长度达72019m，为四川省已通车高速公路第一。

图 9-3　泸定大渡河大桥实景图

图 9-4　机电控制中心

图 9-5　雅康高速公路隧道

（6）桥梁钢结构（图9-6）用量达32270t，为四川省已通车高速公路第一。

图 9-6　钢结构桥梁

9.2.2　7 个首次

（1）国内首次使用隧道智能动态照明景观系统（图9-7），有效缓解驾驶疲劳。

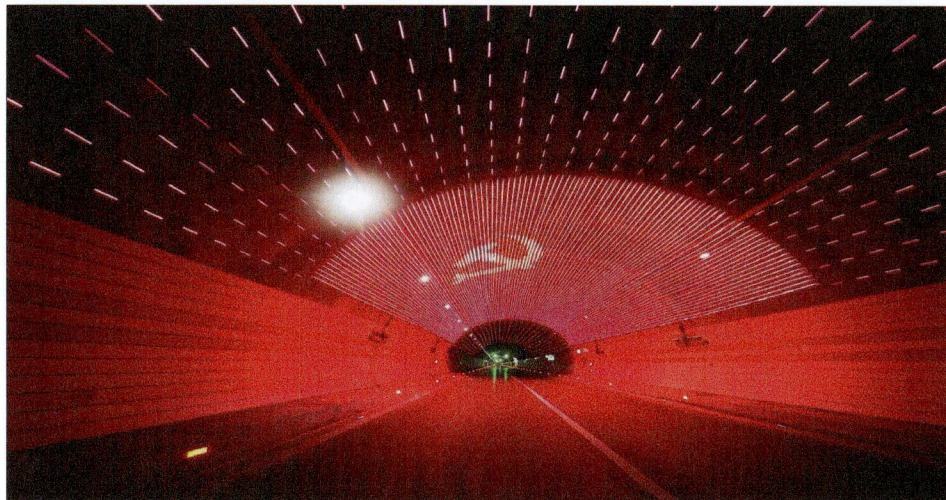

图 9-7　隧道动态照明景观

（2）国内首次在高海拔峡谷地区复杂强劲风场环境下，采用缆索吊装系统吊装千米级大桥主梁（图9-8），有效保证施工质量和安全；首次采用隧道内拼装顶推大跨径曲线钢箱梁工艺。

图9-8 缆索吊装系统

（3）二郎山隧道国内首次完全实现洞内斜井反打（图9-9），有效保护生态环境；国内首次建设多功能交通转换带（图9-10），有效保证运营交通组织。

图9-9 二郎山隧道洞内斜井反打

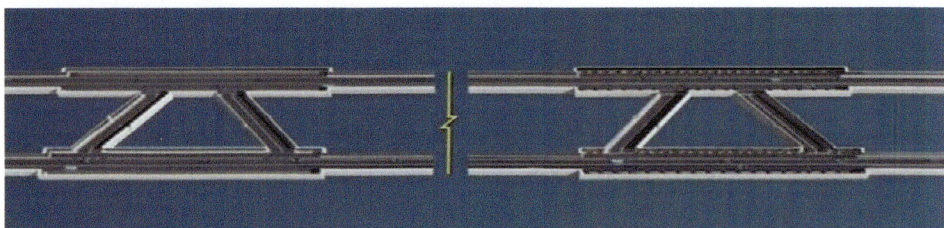

图9-10 多功能交通转换带

（4）国内首次建设共用一栋服务综合楼的立体双边地形服务区（图9-11），有效利用有限空间满足服务需求。

图 9-11 立体双边地形服务区

（5）四川省内首次运用北斗卫星地质灾害监测系统（图9-12），在17个边坡和弃土场安装了72套北斗监测系统，耗资约360万元，有效保证高陡边坡稳定状况动态受控。

图 9-12 北斗卫星地质灾害监测系统

（6）四川省内首次全过程采用沥青混凝土拌和信息化管控系统（图9-13），有效保证沥青混凝土路面施工质量全过程受控，路面平整度达到高速桥隧比高速公路的领先水平。

图 9-13　沥青混凝土拌和信息化管控系统

（7）四川省内首次系统对全线隧道洞门建筑进行景观规划设计和建设（图9-14），有效提升公路景观、传承公路文化。

图9-14　隧道洞门文化景观

9.2.3　18项创新

雅康高速公路建设过程中进行的实用技术创新，有代表性的有如下18条。

（1）在四川、高海拔地区最先采用无人机先导索过江技术。

（2）将防屈曲钢支撑用作悬索桥的中央扣，在强烈地震时，中央扣可有效屈服耗能，确保证加劲梁安全。

（3）桥塔横梁采用波形钢腹板与混凝土顶底板的组合结构，充分利用两者的结构优点，既克服了混凝土横梁和钢横梁在抗震方面的不足，又简化了塔柱-横梁连接构造。

（4）创造性地采用反向平曲线设计，将左右两幅泸定隧道分离，布置在大桥隧道式锚碇的外侧，极大地减小了隧道式锚碇和公路隧道的相互影响，并在隧道与隧道式锚碇之间设置横通道，作为施工期的运输通道和检修通道。

（5）创新边坡防护理念，将雅安岸第一排和第二排抗滑桩按人字形布置，采用"疏导"的方式，将强震产生的碎屑流沿斜向导出大桥范围，确保碎屑流不危害大桥构造物。

（6）采用了水泥储存罐顶降尘装置，有效地防止水泥粉末飘向空中污染空气。

（7）在特长隧道施工过程中采用了一种用于隧道开挖的防护式开挖台架，有效地防止了岩爆产生的石块砸伤或射伤作业人员。

（8）在隧道开挖中使用了水压爆破技术，有效减少了洞内灰尘。

（9）在电缆沟浇筑中首次采用了整体移动模架技术。

（10）在隧道掘进施工中采用了微差毫秒和光面爆破技术，确保了隧道洞身开挖质量。

（11）在隧道口内外50m范围内，路面采用醒目鲜红色防滑涂层，确保了行车安全。

（12）采用了透水性较好的材料作为桥背回填料，并在上面层沥青路面铺筑前，对桥头进行了后注浆补强措施，确保了桥头行车的舒适性。

（13）在桥梁承台大体积混凝土施工中，采用混凝土内部设置冷却水管技术措施，有效防止了因混凝土内部水化热过大导致的干缩裂缝。

（14）在特长隧道涌水路段洞身开挖施工中，采用了排和堵相结合的注浆堵水技术措施。

（15）在桥梁施工中，粗钢筋采用了直螺纹连接新工艺。

（16）隧道沥青路面采用温拌沥青，有效降低了能源消耗和施工过程中沥青烟对环境的影响。

（17）充分利用隧道监控图像处理技术，防止超速等，有效保障了运营安全。

（18）采用整体式可安拆防撞护栏，有效解决了桥隧相连过渡难题，提高了行车安全性。

9.3 管理成就

雅康高速公路的成功建设离不开系统化、精细化、现代化的管理理念与方法的支

撑。雅康高速公路在建设过程中，提出了"五坚持、五加强"管理体系、"三全"工作法等管理手段，在设计、施工质量、施工安全、施工进度方面取得了显著成效。

9.3.1 "五坚持、五加强"管理体系

"五坚持、五加强"管理体系主要包括：坚持"四个目标"加强民生工程建设；坚持"四个创新"，加强优质工程建设；坚持"四个强化"，加强生态工程建设；坚持"四个会议"，加强和谐工程建设；坚持"四个活动"，加强廉洁工程建设。

1）坚持"四个目标"，加强民生工程建设

雅康高速公路是重大民生工程。根据蜀道集团和藏高公司党委要求和项目建设面临"五个极其"挑战的实际，雅康高速公路建设者提出"通、好、美、廉"四个中心工作。"通"就是要保证项目按期竣工通车，"好"就是要保证工程质量优良、施工安全、环保水保、投资节约，"美"就是要保证项目工程内实外美，"廉"就是要保证队伍廉洁。

2）坚持"四个创新"，加强优质工程建设

一是技术创新，解决重大技术难题。二郎山隧道首次设置双车道大断面洞内交通转换通道，提高隧道防灾救援能力，实现"长隧短运"；首次采用超预期抗震设计理念，穿越区域活动性断裂内隧道断面整体扩大40cm，为震后加固预留空间；首次在隧道内设置自流水高位消防水池，提高消防可靠性并节能；利用隧道两端气压差设置自然风道，辅助通风节能约15%；首次使用LED视觉动态照明系统解决超长隧道及隧道群的行车舒适难题；使用北斗卫星技术解决高陡边坡安全监测难题。泸定大渡河大桥实现了8个自主创新，2019年荣获第36届国际桥梁大会（IBC）颁发的"古斯塔夫•林德撒尔金奖"，该奖项被誉为桥梁界的诺贝尔奖。

二是工艺创新，解决大型枢纽互通施工安全难题和桥隧混凝土施工工艺难题。雅康高速公路共获得国家专利、工法26项。

三是组织创新。"四个全面"机制解决招标加快推进难题。即全面履行报审程序、全面开展电子化招标、全面进入省政府公共资源交易中心和全面实现两随机三分离，确保工程招标合法加快推进。累计完成招标32次，满足工程加快建设的需要，同时有效控制节约工程造价；"四个同步"方式解决大仁烟大桥红线外高位滑坡地灾整治施工组织难题；"四个集中"机制解决工程建设专业推进难题，即混凝土集中生产、材料集中堆放、钢筋集中加工、梁板集中预制。累计建成22个钢筋加工场、20个梁板预制场、3个小型构件加工场，累计完成梁板预制7747片，实现智能张拉、循环压浆、喷淋或蒸汽

养生；累计完成新泽西混凝土护栏预制4846块。"四专"工作机制解决工程建设安全推进难题。即专业监控、专题会议、专家咨询和专项费用，确保重大桥隧工程建设安全推进。累计建成15个视频监控室、召开22次安全专题会议、组织9次专家咨询，投入1.6亿元的安全经费。

四是管理创新。"四张表格"机制解决建设进度动态受控难题。累计印发年度计划表6次（含半年计划表）、每月工作要点表39次、每日完成统计表1170次、上月工作完成计划表38次。信息化监控解决路面工程好与快的难题。实时监控沥青混合料总盘数127379盘，形成监控日报72份，有效保证了混合料级配稳定、用油量足够，确保了源头质量；厚度、弯沉等指标检测合格率均达100%；路面平整度σ代表值达0.56，达到高桥隧比高速公路的领先水平。

3）坚持"四个强化"，加强生态工程建设

一是强化学习培训，解决环水保意识不足难题。发现问题及时按"三定"原则进行整改，同时严格追责问责63人次。二是强化施工举措，解决工程建设环境保护难题。二郎山超长隧道是国内首次完全实现斜井洞内反打的隧道，有效地保护了大熊猫保护区生态环境，减少约4.3万m^2的地表及植被破坏。全面实施绿化工程，累计完成绿化100万m^2，栽植乔木3万株，灌木11万株。在声环境敏感点设置了6km声屏障，在水环境敏感点设置了222套雨污收集系统。三是强化绿色循环理念，解决弃渣难题。首次建设共用一栋综合楼的泸定立体双边服务区，消化二郎山隧道泸定端弃渣100万m^3。首次设计新沟、喇叭河互通综合体，变废为宝，消化二郎山隧道天全端和喇叭河隧道群6个隧道的弃渣200万m^3，节约弃渣占地、提升服务功能。利用泸康段隧道群弃渣200万m^3，为鸳鸯坝当地群众造地240亩。四是强化节点景观打造，解决公路文化传承难题。按照"茶马古道、熊猫家园、红色泸定、康定情歌"公路文化主题，对15处隧道洞门建筑、9处进出口遮光棚、5座特大桥梁护栏、29处路侧挡墙等结构物赋予地域文化和企业文化元素，设置19处雕塑小品。

4）坚持"四个会议"，加强和谐工程建设

一是联席会议解决工程进度计划和征拆进度计划的匹配问题。二是现场办公会解决实际问题，加快推进征地拆迁工作，甘孜藏族自治州还采用州县两级各部门联合执法、警务室进项目部等创新方法，为工程建设提供良好的环境保障。三是专题协调会解决征拆中存在的重大问题，突破影响工程建设的重要节点，集团领导与沿线市、州领导共召开专题协调会12次。四是设计回访会解决好地方党委政府和沿线群众的合理诉求、解决好通道水系等线外工程和公路文化、和谐工程等相关问题。

"四个会议"工作机制的运行实现了"四个迅速"：征拆迅速完成、工程建设迅速开工、施工协调问题迅速解决、群众合理诉求迅速解决，和谐工程建设成效显著。累计完成征地8660亩、拆迁房屋1260户、杆管线500km，厂矿企业40家；支援当地百姓修建永临施工便道47km，支持沿线政府连接线改造工程6km，支持沿线农民务工上万人次，使用沿线水泥280万t，代扣代缴建安税3亿元。

5）坚持"四个活动"，加强廉洁工程建设

累计开展项目党建"1234工程"活动16次、专项劳动竞赛考评10次、兑现奖励500万元，效能监察6次，全过程跟踪审计4个阶段。"四个活动"的广泛开展，确保党建和党风廉政建设同步推进，逐渐在项目建设全线形成了同心协力、拼搏奉献，勇为人先、追求卓越的精神，荣获国家、省级五一劳动奖状奖牌13项。

9.3.2 "四化管理"

质量管理实行"四化管理"，即标准化管理、精细化管理、动态化管理、信息化管理，工程品质得到不断提升。

建立了雅康公司—监理单位—施工单位的3层管理层级，工程质量责任落实到人，层层签订质量责任书，各司其职，各负其责，切实做到"层层有人管，事事有人抓"。

据质监部门组织的交工验收检测数据显示，项目厚度、弯沉、平整度压实度、渗水系数等指标检测合格率均达100%；路面平整度σ到达0.56，达到高桥隧比高速公路的领先水平。隧道内路面平整度σ达0.57，为特长隧道领先水平。"川藏第一桥"泸定大渡河大桥入选央视《超级工程Ⅱ》。

9.3.3 "三全工作法""四张表""四同步"

进度管理方面，全面推行"三全"（全循环、全工序、全过程）工作法，推行工程前后紧跟，努力实现路面、机电、交安等后续工程紧跟桥隧土建工程；隧道二次衬砌、混凝土路面、电缆沟、瓷砖等工序紧跟隧道开挖。

坚持年度计划表、每月工作要点表、工作要点完成表、每日统计表等"四张表"制度。倒排工期、正排工序、挂图作战，排出项目建设计划表，作为项目建设的总纲，全过程指导项目建设。做到每日、每月统计、考核；在各参建单位中开展劳动竞赛，按月、季、半年考核排名，作为年终绩效考核、综合考评、信用评价的重要基础数据。

同步开展桥梁上部结构加工和下部桩基、墩柱、桥台施工，同步开展上部结构拼装和吊装。特长隧道进出口同步安排施工，隧道中部有条件的地方安排施工支洞、施工便桥，增加作业面；充分利用红线用地建设碎石场、混凝土拌和站，实现隧道弃渣循环利用，有效促进隧道后续混凝土工程全工序推进。同步开展标准化建场、规范化备料、程序化交路、专业化施工，确保路面施工的均衡型，确保沥青混凝土施工质量和进度。

通过以上进度控制手段，使得工程建设总体受控、加快推进，实现雅安至泸定段提前21个月建成通车，泸定至康定段提前9个月建成通车，结束了四川甘孜藏族自治州藏族人民聚居地区域不通高速公路的历史，雅安绕城高速公路全面建成通车、芦山地震灾区新增一条生命大通道。四川省委书记彭清华专门作出重要批示，给予高度肯定。四川省交通运输厅通报表扬认为，雅康高速公路建成通车实现了甘孜藏族自治州藏汉群众拥有高速公路的梦想，实现了四川高速公路从平原到高原的跨越，实现了四川高速公路建造能力的跨越。雅康高速公路提前建成通车，是蜀道集团、藏高公司党委不忘初心、牢记使命，带领雅康高速公路建设者努力提高项目建设管理水平、又好又快又美又廉推进项目建设的有效实践。

9.3.4 "五强化"

安全管理方面，在深化平安工地建设的基础上，提出强化双重预防，强化主体责任，强化"三基"管理，强化风险预警保障，强化安全隐患排查。

强化控制，雅康公司通过执行2个程序（简历、实验检测）、3个系统（视频监控、实验数据、计量支付）、坚持"四专"机制，确保重大桥隧工程建设安全推进。累计建成17个视频监控室、召开28次安全专题会议、组织13次专家咨询，投入2亿元的安全经费。

对于雅康高速公路瓦斯隧道，为了保证施工安全，项目开展加强超前预测预报、通风作业与瓦斯检测、门禁系统管理及机械设备管理等工作，确保高速公路瓦斯隧道的施工能够安全、顺利地推进。

9.3.5 "三定"原则

在人才培养方面，雅康公司坚持"有为才有位、凡事重落实"的工作理念，坚持"定人、定责、定时"的工作方法，通过5年的艰辛努力，这支队伍已成为一支思想好、作风优、能力强、打硬仗的专业团队，管理、技术、技能队伍力量得到锻炼和培养，配合集团党委提拔8名干部、进一步使用2名干部，雅安代表处荣获"全国交通运输系统先进集体"、天全和泸定代表处荣获"四川省五一劳动奖状"，公司党总支被四川省委评为"四川省先进党组织"，狄海拔同志获评为"四川省劳动模范"、许雪梅同志获评为

"四川省三八红旗手"、泸定代表处获评为"四川省三八红旗集体",为集团建设和运营管理储备、输送了专业人才。

9.4 获奖

雅康高速公路获得多项国际奖项,国家级、省部级、地市级、社会团体奖项和荣誉,包括古斯塔夫金奖、鲁班奖、李春奖、四川天府杯金奖、四川省科技进步奖、中国公路学会科技进步奖等共计51项,获得荣誉4项。

9.4.1 工程奖

1)国际工程奖

2019年,国际桥梁协会为雅康高速公路颁发古斯塔夫林登少奖(雅康公司官网)。泸定大渡河大桥荣获2019年度古斯塔夫林登少奖,如图9-15所示。

图9-15 获得2019年度古斯塔夫林登少奖

2)国内工程奖

项目获得国内工程奖情况见表9-1。

国内工程奖   表9-1

序号	奖励类别	获奖项目名称	获奖年份(年)	获奖单位	授予机构
1	李春奖(公路交通优质工程奖)	雅安至康定高速公路	2020	四川雅康高速公路有限责任公司,中铁隧道股份有限公司、中铁十二局集团有限公司、四川省公路院工程监理有限公司等	中国公路建设行业协会

续上表

序号	奖励类别	获奖项目名称	获奖年份（年）	获奖单位	授予机构
2	四川省建设工程天府杯金奖	雅康高速公路雅安至泸定段工程	2019	四川雅康高速公路有限责任公司、中交一公局集团有限公司等	四川省建设工程质量安全与监理协会
3	四川省建设工程天府杯奖	雅康高速公路二郎山隧道段工程	2019	四川雅康高速公路有限责任公司、中铁隧道股份有限公司、中铁十二局集团第三工程有限公司等	四川省建设工程质量安全与监理协会
4	四川省建设工程天府杯奖	雅康高速公路泸定至康定段工程	2019	四川雅康高速公路有限责任公司、中交一公局集团有限公司等	四川省建设工程质量安全与监理协会
5	李冰奖	雅安至康定高速公路	2020	四川雅康高速公路有限责任公司、中铁隧道股份有限公司、中铁十二局集团有限公司、四川省公路院工程监理有限公司等	四川省公路协会
6	中国中铁杯奖	雅安至康定高速公路二郎山隧道工程	2020	中铁隧道股份有限公司	中国中铁股份有限公司
7	中国铁建杯奖	雅康高速公路二郎口隧道工程	2019	中铁十二局集团第三工程有限公司	中国铁建股份有限公司
8	国家优质工程金奖	雅安至康定高速公路	2022	四川雅康高速公路有限责任公司、四川省公路规划勘察设计院有限公司等	中国施工企业管理协会
9	中国建设工程鲁班奖	雅康高速公路泸定大渡河大桥	2020	四川公路桥梁建设集团有限公司	中国建筑业协会
10	国家优质工程奖	雅康高速公路二郎山隧道	2021	四川雅康高速公路有限责任公司、四川省公路规划勘察设计院有限公司等	中国施工企业管理协会
11	中国土木工程詹天佑奖	雅康高速公路二郎山隧道	2023	四川雅康高速公路有限责任公司	中国土木工程学会

9.4.2　科技进步奖

项目获得科技进步奖情况见表9-2。

科技进步奖　　　　表 9-2

序号	奖励类别	奖励等级	获奖项目名称	获奖年份（年）	获奖单位	授予机构
1	四川省科学技术进步奖	一等奖	高烈度大高差梯级山区高速公路建设支撑技术	2015	四川省交通运输厅公路规划勘察设计研究院	四川省人民政府
2	四川省科学技术进步奖	三等奖	公路隧道抗震及减震技术研究	2016	四川省交通运输厅公路规划勘察设计研究院	四川省人民政府
3	四川省科学技术进步奖	三等奖	基于承载能力量化分析的公路隧道结构设计理论及应用	2020	四川省公路规划勘察设计研究院有限公司	四川省人民政府
4	四川省科学技术进步奖	三等奖	高烈度地震区公路隧道建设抗震技术	2013	四川省交通运输厅公路规划勘察设计研究院	四川省人民政府
5	四川省科学技术进步奖	三等奖	西部地区公路瓦斯隧道设计与施工技术	2016	四川省交通运输厅公路规划勘察设计研究院	四川省人民政府

序号	奖励类别	奖励等级	获奖项目名称	获奖年份（年）	获奖单位	授予机构
6	山西省科学技术奖	三等奖	雅康路二郎山隧道施工关键技术研究	2020	中铁十二局集团有限公司	山西省科学技术奖励委员会
7	中国公路学会科学技术奖	三等奖	特殊不良地层隧道安全保障技术研究	2017	中铁二十局集团第二工程有限公司	中国公路学会
8	中国公路学会科学技术奖	三等奖	基于承载能力量化分析的公路隧道支护体系设计方法与工程应用	2018	四川省交通运输厅公路规划勘察设计研究院	中国公路学会
9	中国公路学会科学技术奖	一等奖	公路隧道抗震及减震技术研究	2012	四川省交通运输厅公路规划勘察设计研究院	中国公路学会
10	中国公路学会科学技术奖	二等奖	雅康路二郎山隧道施工关键技术研究	2018	中铁十二局集团有限公司	中国公路学会
11	中国公路学会科学技术奖	二等奖	西部地区公路瓦斯隧道设计与施工技术	2011	四川省交通运输厅公路规划勘察设计研究院	中国公路学会
12	中国公路学会科学技术奖	二等奖	高烈度震区双洞隧道穿越碎裂岩体施工关键技术研究	2020	中铁二十局集团第二工程有限公司	中国公路建设行业协会
13	中国公路学会科学技术奖	二等奖	高位滑坡体加固处置施工技术研究与应用	2019	中交第四公路工程局有限公司	中国公路建设行业协会
14	中国施工企业管理协会科学技术奖	二等奖	高烈度震区双洞隧道穿越碎裂岩体施工关键技术研究	2016	中铁二十局集团第二工程有限公司 中铁二十局集团有限公司	中国施工企业管理办会
15	中国施工企业管理协会科技进步奖	二等奖	雅康路二郎山隧道施工关键技术研究	2017	中铁十二局集团有限公司	中国施工企业管理办会
16	中国岩土力学与工程学会科学技术奖	二等奖	高烈度地震区公路隧道建设抗震技术	2014	四川省交通运输厅公路规划勘察设计研究院	中国岩土力学与工程学会
17	中国铁道建筑总公司科学技术奖	三等奖	雅康公路二郎山隧道施工关键技术研究	2017	中铁十二局集团第三工程有限公司	中国铁道建筑总公司
18	中铁十二局集团司科学技术奖	一等奖	雅康公路二郎山隧道施工关键技术研究	2018	中铁十二局集团第三工程有限公司	中铁十二局集团有限公司
19	2021年度中国公路学会科学技术奖	特等奖	四川藏族聚居地区域复杂环境高速公路隧道建设与运营安全风险防控关键技术	2022	四川藏区高速公路有限责任公司等	中国公路学会

9.5 荣誉

在荣誉获得方面，雅康高速公路被评为"新中国成立70周年影响四川十大工程"，并入围国家重大工程档案，获得"五好"高速公路、"最美高速"等荣誉称号，在建设过程中，多次被央视新闻联播报道；同时获得多位院士、部领导、省领导的高度评价与表扬（表9-3）。

获　得　荣　誉

表 9-3

年度	荣誉称号
2019	新中国成立 70 周年影响四川十大工程（图 9-16）
2019	国家档案局入围奖
2019	通过"五好"高速公路验收
2019	四川省档案局评选的企业档案信息资源开发利用优秀案例一等奖
2019	雅康高速公路泸定大渡河大桥入选川藏青藏公路建成通车六十五周年纪念邮票（图 9-17）
2020	四川省"最美高速"

图 9-16　雅康高速公路项目被评为"新中国成立 70 周年影响四川十大工程"

图 9-17　川藏青藏公路建成通车六十五周年纪念邮票

附录1
大事记

2013年12月11日	项目法人四川雅康高速公路有限责任公司成立，项目法人代表及公司领导班子就位。
2014年1月29日	国家发展和改革委员会批复了四川雅安至康定公路工程可行性研究报告。
2014年3月	开展四川省雅安至康定高速公路项目路基土建工程施工招标工作。
2014年4月9日	交通运输部批复了雅安至康定公路初步设计。
2014年4月20日	雅康高速公路举行动工仪式，时任四川省委书记王东明出席仪式并宣布开工动员令。
2014年6月	完成四川省雅安至康定高速公路项目路基土建工程施工合同签订工作。
2014年9月20日	雅康高速公路全线正式全面开工。
2014年10月21日	四川省交通运输厅批复了雅安至康定高速公路雅安至大渡河桥东侧段及大渡河桥西侧段至小天都隧道出口（K129+000）段施工图设计文件。
2014年12月26日	甘孜藏族自治州交通建设三年集中攻坚总结表彰大会在康定召开，雅康公司被评为甘孜藏族自治州交通建设三年攻坚先进

单位。

2015年7月10日	雅康高速公路二郎山隧道康定端斜井正式施工。
2015年7月14日	四川省交通运输厅批复了雅安至康定高速公路大渡河大桥、小天都隧道出口（K129+000）至止点段施工图设计文件及全线施工图预算。
2015年8月23日	雅康高速公路泸定大渡河大桥主墩桩基施工全面完成。
2015年9月10日	二郎山隧道进口端顺利穿越省内高速公路最大断面的交通转换带。
2016年2月1日	雅康高速公路大杠山隧道支洞施工至隧道主线，日地一号隧道进入主线施工标志着雅康高速公路甘孜藏族自治州段已进入长达29km的主线隧道群施工阶段。
2016年6月2日	四川省交通运输厅批复了雅安至康定高速公路交安、机电和房建工程专项设计。
2016年7月8日	雅康高速公路草对段提前实现贯通目标。
2016年9月18日	雅康高速公路对岩枢纽互通首跨钢箱梁架设成功，在同一天，雅康高速公路二郎山隧道出口段左线率先掘进至分界里程，创下了中国公路隧道独头掘进长度7333.3m的最长纪录。
2016年10月2日	泸定大渡河大桥入选CCTV《超级工程Ⅱ》。
2016年10月25—26日	中国工程院郑皆连、王景全、陈政清三位院士现场考察雅康高速公路建设推进情况，院士们对项目建设管理和工程建设成效给予充分肯定，认为雅康高速公路建设意义重大，建设难度堪比"攀登珠穆朗玛峰"。
2016年11月8日	雅康高速公路泸定大渡河大桥康定岸主墩索塔封顶。
2016年12月20日	雅康高速公路泸定大渡河大桥无人机牵引先导索跨越大渡河施工仪式取得圆满成功，先导索顺利过江，标志着泸定大渡河大桥正式进入上部结构施工阶段。
2017年9月26日	雅康高速公路二郎山隧道实现双洞安全贯通，同日泸定大渡河大桥吊装第一片钢桁梁，中央电视台均进行现场直播。
2017年12月30日	雅康高速公路项目雅安至泸定段工程交工验收大会顺利召开。
2017年12月31日18时	雅康高速公路雅安至泸定段实现试通车运行，结束了四川甘孜藏族自治州藏族人民聚居地区域不通高速公路的历史。

2018年4月	雅康公司荣获四川省五一劳动奖状，雅康公司雅安代表处、天全代表处荣获"四川省工人先锋号"。
2018年5月31日	雅康高速公路试通行康定至成都市际客运班车。
2018年8月28日	雅康高速公路泸定大渡河大桥启动油面铺筑工程。
2018年12月18日	雅康高速公路泸定大渡河大桥完成了桥梁荷载试验。
2018年12月31日	雅康高速公路全线建成通车，中央电视台现场直播通车盛况，四川省委书记彭清华同志作出批示给予肯定和鼓励；新华社报道"甘孜藏族自治州藏族人民聚居地区域进入高速发展新时代。"
2019年4月13日	中国工程院郑皆连、谢礼立、杨秀敏、王景全等10位院士及中国工程院、中铁二院、中交一院，同济大学、重庆交通大学、广西大学等单位专家一行70余人现场调研雅康高速公路，院士们认为：雅康高速公路的建成通车对川藏梯度带内公路和铁路项目的设计、建设有很好的借鉴和参考意义。
2019年6月	雅康高速公路泸定大渡河大桥荣获桥梁界诺贝尔奖"古斯塔夫林登少奖"。
2019年7月4日	雅康高速公路雅泸段荣获四川省建设工程天府杯金奖。
2019年7月29日	二郎山隧道、泸定大渡河大桥入选中央电视台新中国成立70周年系列报道《壮丽70年　奋斗新时代——共和国发展成就巡礼·四川篇》。
2019年10月17日	雅康高速公路荣获"新中国成立70周年影响四川十大工程"荣誉称号。
2019年11月20日零时	雅康高速公路全线正式收费。
2019年11月27日	雅康高速公路顺利通过"五好"高速公路验收，获评为"最美高速"。
2020年1月	雅康高速公路二郎山隧道段工程荣获天府杯（省优质工程）金奖。
2020年7月	雅康高速公路泸定至康定段荣获天府杯（省优质工程）金奖。
2020年12月	雅康高速公路荣获2020—2021年度中国公路交通优质工程奖。
2021年10月	二郎山隧道及泸定大渡河大桥荣获2018—2021年度交通运输部、应急管理部、全国总工会联合冠名的"平安工程"荣誉。
2021年12月	泸定大渡河大桥获评中国建筑行业工程质量最高荣誉奖——鲁

班奖。

2021年12月	雅康高速公路二郎山隧道获评工程建设领域国家级质量奖——国家优质工程奖。
2021年12月	雅康高速公路成功入选《国家重大工程档案　交通卷》。
2022年7月	雅康高速公路顺利通过交通运输部验收，工程建设项目综合评价等级为优良。
2022年12月	雅康高速公路获国家优质工程金奖。
2023年3月	雅康高速公路二郎山隧道获中国土木工程学会詹天佑奖。

附录2
监理、施工单位概况

雅康高速公路参建监理、施工单位名录见附表2-1。

雅康高速公路参建单位名录 附表 2-1

单位类别	合同段号	施工单位	合同段号	监理单位	合同段号	监理试验室
土建	C1	中铁隧道股份有限公司	JL1	四川省公路工程监理事务所	JLS1	四川正信重点公路工程试验检测有限责任公司
	C2	中铁十二局集团有限公司				
	C3	中交路桥建设有限公司	JL2	四川国际工程监理有限公司	JLS2	湖南联智桥隧技术有限公司
	C4	中铁二局第四工程有限公司				
	C5	中交一公局海威工程建设有限公司				
	C6	道隧集团工程有限公司	JL3	北京泰克华诚技术信息咨询有限公司	JLS3	四川川交道桥试验检测有限责任公司
	C7	四川路航建设工程有限责任公司				
	C8	中国水电建设集团路桥工程有限公司				
	C9	江西省交通工程集团公司	JL4	浙江公路水运工程监理有限公司	JLS4	四川正信重点公路工程试验检测有限责任公司
	C10	中铁十四局集团有限公司				
	C11	四川川交路桥有限责任公司				
	C12	中交第四公路工程局有限公司	JL5	北京交科工程咨询有限公司	JLS5	南充市交通局公路工程试验检测中心
	C13	成都华川公路建设集团有限公司				
	C14	中铁二十局集团第二工程有限公司				

续上表

单位类别	合同段号	施工单位	合同段号	监理单位	合同段号	监理试验室
土建	C15	四川公路桥梁建设集团有限公司	JL6	四川公路工程咨询监理公司	JLS6	四川省交通运输厅公路规划勘察设计研究院
	C16	四川交投建设工程股份有限公司 C16~1 合同段（联合体）中交第一公路工程局有限公司 C16~2 合同段	JL7	四川省公路工程监理事务所		
	C17	中铁隧道股份有限公司				
	C18	中铁隧道集团有限公司				
	C19	成都市路桥工程股份有限公司				
路面	LM1	道隧集团工程有限公司	JL8	四川公路工程咨询监理公司	JLS8	湖南联智桥隧技术有限公司
	LM2	成都市路桥工程股份有限公司	JL9	北京交科工程咨询有限公司	JLS9	南充市交通局公路工程试验检测中心
	LM3	四川交投建设工程股份有限公司	JL10	四川省公路工程监理事务所	JLS10	四川省交通运输厅公路规划勘察设计研究院
绿化	LH1	河南科润园林工程有限公司	JL8	四川公路工程咨询监理公司	JLS8	湖南联智桥隧技术有限公司
	LH2	常州市华辰园林绿化工程有限公司				
	LH3	四川省科源园林工程有限公司	JL9	北京交科工程咨询有限公司	JLS9	南充市交通局公路工程试验检测中心
	LH4	河北燕峰园林绿化工程有限公司				
	LH5	中海园林建设有限公司	JL10	四川省公路工程监理事务所	JLS10	四川省交通运输厅公路规划勘察设计研究院
	LH6	湖南建科园林有限公司				
房建	FJ1	重庆建工集团股份有限公司	JL8	四川公路工程咨询监理公司	JLS8	湖南联智桥隧技术有限公司
	FJ2	中建四局第三建筑工程有限公司				
	FJ3	北京八达岭金宸建筑有限公司	JL9	北京交科工程咨询有限公司	JLS9	南充市交通局公路工程试验检测中心
	FJ4	四川众能建筑工程有限公司				
	FJ5	丰润建设集团有限公司	JL10	四川省公路工程监理事务所	JLS10	四川省交通运输厅公路规划勘察设计研究院
	FJ6	中城北方西南建筑有限公司				
机电	JD1	亿阳信通股份有限公司	JL11	北京路桥通国际工程咨询有限公司	—	—
	JD2	江苏智运科技发展有限公司			—	—
	JD3	成都曙光光纤网络有限责任公司			—	—
	JD4	西安金路交通工程科技发展有限责任公司			—	—

续上表

单位类别	合同段号	施工单位	合同段号	监理单位	合同段号	监理试验室
机电	JD5	中咨泰克交通工程集团有限公司	JL11	北京路桥通国际工程咨询有限公司	—	—
	JD6	福建新大陆电脑股份有限公司			—	—
	JD7	中海网络科技股份有限公司			—	—
	JD8	北京瑞华赢科技发展有限公司			—	—
	JD9	重庆市华驰交通科技有限公司			—	—
	JD10	北京云星宇交通科技股份有限公司			—	—
	JD11	四川高路交通信息工程有限公司			—	—
交安	JA1	湖南天弘交通建设工程有限公司	JL8	四川公路工程咨询监理公司	JLS8	湖南联智桥隧技术有限公司
	JA2	北京深华科交通工程有限公司	JL9	北京交科工程咨询有限公司	JLS9	南充市交通局公路工程试验检测中心
	JA3	福建路桥建设有限公司	JL10	四川省公路工程监理事务所	JLS10	四川省交通运输厅公路规划勘察设计研究院

参考文献

［1］高速公路丛书编委会. 高速公路建设管理［M］. 北京：人民交通出版社，2000.

［2］四川省质量技术监督局. 高速公路施工标准化技术指南：DB51/T 2428—2017［S］. 北京：中国标准出版社，2017.

［3］四川省质量技术监督局. 高速公路服务区服务管理规范：DB51/T 2528—2018［S］. 北京：中国标准出版社，2018.

［4］四川雅康高速公路有限责任公司. 雅康高速公路建设规范化管理指南［M］. 北京：人民交通出版社股份有限公司，2022.